Herzhafte Herbstküche

HERZHAFTE

Herbstküche

CLAUDIA SEIFERT | SABINE HANS

AT VERLAG

3. Auflage, 2012

AT Verlag, Aarau und München
Rezepte und Foodstyling: Claudia Seifert | www.claudiaseifert.de
Fotos: Sabine Hans | www.sabinehans.de
Gestaltung und Satz: Sibyll Amthor | www.einfachschoen-design.de
Lithos: Vogt-Schild Druck, Derendingen
Druck und Bindearbeiten: Firmengruppe APPL, aprinta druck, Wemding
Printed in Germany

ISBN 978-3-03800-590-2

www.at-verlag.ch

INHALTSVERZEICHNIS

Herbstzeit

EIN WORT VORWEG

Je mehr wir in die Jahreszeiten eintauchen, desto intensiver erleben wir sie. Jede hat ihren eigenen Reiz, dabei nimmt der Herbst eine besondere Rolle ein: Er übernimmt die Farben des Sommers, intensiviert, durchglüht und verwandelt sie zurück in das Braun der Erde, aus der sie hervorgegangen sind.

Wie mit den Farben verhält es sich auch mit den herbstlichen Gaben, mit denen uns die Natur beschenkt: vom Rot der Beeren über den goldenen Wein, das dunkle Violett des Holunders bis zum warmen Braun von Pilzen und Kastanien.

In diese farbig-sinnliche Erntewelt möchten wir Sie mit unseren fruchtig-herzhaften Herbstgerichten in diesem Kochbuch einladen. Probieren Sie zum Beispiel den Kürbiseintopf mit Maronen auf Seite 68, oder den Walnuss-Holunder-Tassenkuchen von Seite 141. Die Zutaten dafür finden Sie auf dem Markt und die eine oder andere vielleicht auch beim Spaziergang durch die herbstliche Natur.

Das große saisonale Angebot aus Ihrer Region präsentiert sich in dieser Jahreszeit besonders reichhaltig auf dem Wochenmarkt.
Die Verwendung von regionalen und saisonalen Lebensmitteln, am besten in Bioqualität, ist uns eine Herzensangelegenheit. Der Saisonkalender auf Seite 154 zeigt Ihnen auf einen Blick die ganze Vielfalt, die die Herbstmonate zu bieten haben.

Die intensiven Farben und die üppig-erdigen Düfte machen nicht nur das Einkaufen zum sinnlichen Erlebnis, sondern auch den Aufenthalt in der herbstlich leuchtenden Landschaft.
Diese intensiven sinnlichen Eindrücke haben wir in bunten, verspielten und berührenden Bildern einzufangen versucht. Wir möchten unsere Begeisterung für diese wunderbare Jahreszeit mit Ihnen teilen und Sie dazu inspirieren, die Vielfalt des Herbstes zu genießen.

Wir wünschen Ihnen gutes Gelingen, Freude beim Zubereiten und einen genussvollen, bunten Herbst!

Claudia Seifert und Sabine Hans

Alle Rezepte sind für 4 Personen berechnet.

 Ziegenkäse mit Ingwer-Brombeeren und Roggen-Blättern

Farbspiele

VORSPEISEN UND SALATE

Bunte-Bete-Carpaccio mit Granatapfel, Kürbiskernen und Crème fraîche

< Bunte-Bete-Carpaccio mit Granatapfel, Kürbiskernen und Crème fraîche

¼ Granatapfel
2 EL Kürbiskernöl
40 g Kürbiskerne
2 Knoblauchzehen, fein gehackt
50 g Crème fraîche
1 EL Zitronensaft
4 EL Grenadine-Sirup
grobes Meersalz
bunter Pfeffer aus der Mühle
250 g Bunte Bete (alternativ Rote Bete), in hauchdünne Scheiben geschnitten, am besten mit einer Aufschneidemaschine

Zubereitungszeit: 25 Minuten

1. Den Granatapfel aufbrechen und die Kerne herauslösen. Das Kürbiskernöl in einer Pfanne erhitzen, die Kürbiskerne und den Knoblauch rösten. Crème fraîche, Zitronensaft und 2 EL Grenadine Sirup verrühren. Mit Salz und Pfeffer würzen.

2. Die Bunte Bete auf einer großen Platte anrichten, Kürbiskerne und Granatapfelkerne darauf verteilen. Mit Salz und Pfeffer würzen. Die Crème fraîche und 2 EL Sirup darauf verteilen.

<< Ziegenkäse mit Ingwer-Brombeeren und Roggen-Blättern

100 g Mehl
100 g Roggenmehl
15 g frische Hefe, zerbröckelt
5 EL Olivenöl
Salz
30 g frische Ingwerwurzel, geschält und fein gerieben
400 g Brombeeren
4 TL Zucker
150 g Ziegenkäserolle
30 g gehackte Pistazien

Zubereitungszeit: 50 Minuten (ohne Gehzeit)

1. Für den Teig der Roggenblätter Mehl, Roggenmehl, Hefe, 75 ml lauwarmes Wasser, 2 EL Olivenöl, 1 TL Zucker und Salz mit den Knethaken des Handrührgeräts zu einem glatten Teig verarbeiten. Mit einem Tuch abdecken und an einem warmem Ort 30 Minuten gehen lassen.

2. 2 EL Öl in einem Topf erhitzen, den Ingwer anschwitzen. Die Brombeeren und 3 TL Zucker hinzufügen und kurz schwenken. Den Teig auf bemehlter Arbeitsfläche ausrollen, aus dem Teig 4 Ahornblätter schneiden (am besten ein Originalblatt als Ausschneidehilfe benutzen).

3. 2 EL Öl in einer beschichteten Pfanne erhitzen, die Blätter und die Ausschnittreste von jeder Seite 3 Minuten bei mittlerer Hitze braten. Ziegenkäserolle in 4 Scheiben schneiden, mit Brombeeren, Pistazien und Blättern servieren.

Artischocken gefüllt mit Champignons und Käse

2 EL Olivenöl
2 Knoblauchzehen, fein gehackt
1 Zweig Rosmarin, fein gehackt,
oder 1 TL getrockneter Rosmarin
2 Scheiben Schinken, fein gewürfelt
300 g Champignons, fein gewürfelt
60 g Crème fraîche
Salz | Pfeffer aus der Mühle
gemahlener Piment
2 Dosen Artischockenböden, gut abgetropft
70 g Parmesan, fein gerieben

Zubereitungszeit: 25 Minuten

1. Das Öl in einer Pfanne erhitzen, Knoblauch, Rosmarin, Schinken und Champignons 5 Minuten braten. Die Crème fraîche daruntermischen. Mit Salz, Pfeffer und Piment würzen.

2. Die Artischockenböden in eine feuerfeste Form setzen. Die Pilzmasse auf die Böden verteilen und mit dem Parmesan bestreuen. Im vorgeheizten Ofen bei 200 Grad (mit Umluft bei 180 Grad) 10 Minuten backen.

Dazu passt Bauernbrot.

 Herbstsalat mit Trauben und Schwarzbrot-Croûtons

< Herbstsalat mit Trauben und Schwarzbrot-Croutons

4 EL Traubenkernöl
150 g Schwarzbrot, fein gewürfelt
2 Knoblauchzehen, fein gehackt
2 Zweige Rosmarin, fein gehackt,
alternativ 1 TL getrockneter Rosmarin
40 g gehackte Walnüsse
Salz | Pfeffer aus der Mühle
2 EL Traubensaft
1 TL Honig
1 TL milder Senf
150 g Rosé Trauben, halbiert und Kerne entfernt
2 EL Weißweinessig
1 Eichblattsalat, gewaschen und
in mundgerechte Stücke gezupft

Zubereitungszeit: 25 Minuten

1. Für die Croutons 2 EL Öl in einer beschichteten Pfanne erhitzen. Brot, Knoblauch und Rosmarin 3 Minuten rösten. Kurz vor Ende der Garzeit die Walnüsse hinzufügen. Mit Salz und Pfeffer würzen.

2. Für das Dressing Traubensaft, Honig, Senf, Essig, 2 EL Öl, Salz und Pfeffer gut verrühren. Mit dem Salat und den Trauben mischen.

< Dinkel-Zwiebel-Kuchen mit Apfelmus

Teig
200 g Dinkel-Vollkornmehl
2 EL Olivenöl
Salz
½ Würfel frische Hefe (21 g), zerbröckelt

Apfelmus
4 Äpfel, entkernt, geviertelt
100 ml roter Traubensaft
20 g Zucker
weißer Pfeffer aus der Mühle
2 EL Zitronensaft

Belag
3 EL Olivenöl
600 g Zwiebeln, in dünne Scheiben geschnitten
1 TL Fenchelsamen
3 Eier
75 ml Schlagsahne
frisch geriebene Muskatnuss

Zubereitungszeit: 50 Minuten (ohne Backzeit)

1. Für den Teig Dinkelmehl, Öl, Salz, Hefe und 100 ml lauwarmes Wasser mit den Knethaken des Handrührgeräts zu einem glatten Teig verarbeiten. Mit einem Tuch abgedeckt an einem warmem Ort 45 Minuten gehen lassen.

2. Inzwischen für das Apfelmus Äpfel, Traubensaft und Zucker zugedeckt 10 Minuten kochen. Dann fein pürieren und durch ein Sieb streichen. Mit Salz, Pfeffer und Zitronensaft würzen. Auskühlen lassen.

3. Für den Belag das Öl in einer Pfanne erhitzen und die Zwiebeln 5 Minuten unter häufigem Rühren braten. Mit Salz, Pfeffer und Fenchel würzen. Eier, Sahne, Salz, Pfeffer und Muskatnuss verrühren.

4. Den Teig nochmals mit bemehlten Händen durchkneten und auf einer bemehlten Arbeitsfläche zu einer Platte von etwa 35 x 40 cm ausrollen. Den Teig auf ein eingefettetes Backblech geben. Das Apfelmus darauf verstreichen. Die Zwiebeln darauf verteilen und zuletzt die Ei-Sahne-Mischung darüber verteilen.
Im vorgeheizten Backofen bei 180 Grad (mit Umluft bei 160 Grad) 30 Minuten backen.

Dazu passt Cidre.

 Flammkuchen mit Trauben, Zwiebeln und Thymian

Apfel-Mozzarella-Salat mit grünem Pfeffer und Walnüssen

<< Flammkuchen mit Trauben, Zwiebeln und Thymian

Teig
15 g frische Hefe
1 EL Zucker
200 g Mehl
150 g Buchweizenmehl
3 EL Olivenöl
Salz

Belag
2 EL Olivenöl
1 Zwiebel, fein gewürfelt
1 Knoblauchzehe, fein gehackt
3 Zweige Thymian, abgezupft, fein gehackt,
oder 1 TL getrockneter Thymian
3 Eier
100 g Crème fraîche
frisch geriebene Muskatnuss
Pfeffer aus der Mühle
50 g Pinienkerne
150 g Trauben, halbiert, entkernt

Zubereitungszeit: 40 Minuten (ohne Geh- und Backzeit)

1. Die Hefe zerbröckeln und mit 50 ml lauwarmem Wasser und dem Zucker verrühren. 10 Minuten an der Wärme stehen lassen, sodass die Hefe zu gehen beginnt. Mehl, Buchweizenmehl, Olivenöl, die angerührte Hefe, 100 ml Wasser und Salz vermischen und mit den Knethaken des Handrührgeräts zu einem glatten Teig verarbeiten. Mit einem Tuch abgedeckt etwa 30 Minuten gehen lassen.

2. Inzwischen für den Belag das Olivenöl in einer Pfanne erhitzen, Zwiebel, Knoblauch und Thymian andünsten.

3. Den Teig in 8 Portionen teilen und auf einer bemehlten Arbeitsfläche ausrollen. Auf ein mit Backpapier belegtes Blech legen.

4. Eier, Crème fraîche, Salz, Muskatnuss und Pfeffer mit einem Schneebesen verrühren. Auf den Teigböden verteilen. Mit der Zwiebelmischung, Pinienkernen und Trauben belegen.

5. Im vorgeheizten Backofen bei 180 Grad (mit Umluft bei 160 Grad) 30 Minuten backen.

< Apfel-Mozzarella-Salat mit grünem Pfeffer und Walnüssen

3 mittelgroße Äpfel
½ unbehandelte Zitrone,
abgeriebene Schale und Saft
2 Kugeln Mozzarella (je 125 g Abtropfgewicht),
fein gewürfelt
50 g Walnüsse, gehackt
½ Bund Schnittlauch, fein geschnitten
1 TL grüner Pfeffer in Lake, abgetropft, fein gehackt
1 EL Kürbiskernöl
feines Meersalz

Zubereitungszeit: 20 Minuten

1. 2 Äpfel vierteln, entkernen und in dünne Scheiben schneiden. Sofort mit 1 TL Zitronensaft vermischen.

2. Die Apfelwürfel mit Mozzarella, Walnüssen, Schnittlauch, grünem Pfeffer, Kürbiskernöl, der abgeriebenen Zitronenschale und 2 TL Zitronensaft vermischen. Mit Salz abschmecken.

3. Den verbleibenden Apfel in hauchdünne Scheiben schneiden und diese auf einer Platte oder auf Tellern verteilen. Mit dem restlichen Zitronensaft beträufeln. Den Mozzarella-Apfel-Salat darauf anrichten.

Dazu passt Baguette.

Herbstwurzelsalat mit Parmesan und Holunderbeeren >

300 g Bunte oder Rote Bete,
geschält, in Scheiben geschnitten
300 g gelbe Karotten,
geschält, in Scheiben geschnitten
300 g Karotten, geschält, in Scheiben geschnitten
Salz
4 EL Olivenöl
2 Zwiebeln, fein gewürfelt
2 Knoblauchzehen, fein gehackt
3 Zweige Thymian, fein gehackt,
oder 1 EL getrockneter Thymian
3 Dolden Holunderbeeren, abgezupft
Pfeffer aus der Mühle
1 EL Honig
3 EL Zitronensaft
30 g Parmesan, gehobelt

Zubereitungszeit: 40 Minuten

1. Das Gemüse in kochendem Salzwasser 8 Minuten garen. Abgießen und etwas abkühlen lassen.

2. 2 EL Öl in einem Topf erhitzen, Zwiebeln, Knoblauch, Thymian und Holunderbeeren 3 Minuten braten. Mit Salz und Pfeffer würzen. Das Gemüse dazugeben und kurz darin schwenken. Mit Honig, 2 EL Öl und Zitronensaft würzen. Mit dem Parmesan bestreut servieren.

Crostini mit Endiviensalat und Steinpilzen

Rucolapesto
2 EL Haselnüsse, gehackt
1 Bund Rucola, fein gehackt
6–7 EL Olivenöl
Salz
2 EL Parmesan, fein gerieben

1 Ciabattabrot
4 EL Olivenöl
2 Knoblauchzehen, fein gehackt
2 Zweige Majoran, fein gehackt, oder 1 TL getrockneter Majoran
300 g Steinpilze, geputzt, mundgerecht geschnitten, oder ersatzweise braune Champignons
3 EL Rucolapesto
100 g Endiviensalat, gewaschen, in mundgerechte Stücke gezupft
Salz | Pfeffer aus der Mühle
3 EL Orangensaft
20 g Parmesan, gehobelt

Zubereitungszeit: 30 Minuten

1. Für den Pesto sämtliche Zutaten im Blitzhacker (Cutter) fein pürieren. Es werden etwa 3 EL Pesto benötigt; den Rest anderweitig verwenden.

2. Das Brot in Scheiben schneiden, auf einem Backblech verteilen und mit 2 EL Olivenöl bestreichen. Im vorgeheizten Ofen bei 200 Grad (mit Umluft bei 180 Grad) 6–8 Minuten rösten.

3. Die restlichen 2 EL Öl in einer Pfanne erhitzen, Knoblauch, Majoran und Pilze 3 Minuten braten.

4. Rucolapesto und Endiviensalat auf den gerösteten Brotscheiben verteilen. Die Pilze daraufgeben. Mit Salz und Pfeffer würzen und mit Orangensaft beträufeln. Den gehobelten Parmesan darüberstreuen.

Kürbis mit Ziegenkäse und Ingwer-Gewürzmandeln

Gewürzmandeln
1 Eiweiß
2 TL gemahlener Ingwer
75 g ganze Mandeln, gehäutet
grobes Meersalz (Fleur de Sel)

3 EL Olivenöl
400 g Kürbis (am besten Muskat- oder Butternut-), geschält, entkernt und in mundgerechte Scheiben geschnitten
2 Zweige Rosmarin, fein gehackt, oder 1 TL getrockneter Rosmarin
Pfeffer aus der Mühle
1–2 EL Zitronensaft
150 g Ziegenfrischkäse
1 EL Honig

Zubereitungszeit: 35 Minuten

1. Für die Gewürzmandeln das Eiweiß mit den Schneebesen des Handrührgeräts steif schlagen. Den Ingwer daruntermischen. Die Mandeln mit dem Eischnee vermischen. Auf einem mit Backpapier belegten Blech verteilen und mit Meersalz bestreuen. Im vorgeheizten Backofen bei 180 Grad (mit Umluft bei 160 Grad) 10 Minuten backen. Herausnehmen und abkühlen lassen.

2. Das Öl in einer beschichteten Pfanne erhitzen, den Kürbis mit dem Rosmarin 5–8 Minuten anbraten. Mit Salz, Pfeffer und Zitronensaft würzen. Auf einer Platte oder Tellern anrichten. Den Ziegenfrischkäse mit Hilfe von zwei Löffeln darauf verteilen. Mit den Gewürzmandeln bestreuen und den Honig darüberträufeln.

Dazu passt Baguette.

Zucchini, Kürbis und Hagebutten mit Schafskäse und Nüssen

< Zucchini, Kürbis und Hagebutten mit Schafskäse und Nüssen

30 g Zucker
100 ml Orangensaft
200 g Hagebutten, geputzt, halbiert, Kerne entfernt
3 EL Kürbiskernöl
2 Knoblauchzehen, fein gehackt
2 Zweige Rosmarin, fein gehackt
3 Zucchini, in dünne Scheiben geschnitten
250 g Muskatkürbis, geschält, entkernt, in dünne, mundgerechte Scheiben geschnitten
40 g Walnüsse, gehackt
70 g Schafskäse
Meersalz | weißer Pfeffer aus der Mühle
2 TL Zitronensaft

Zubereitungszeit: 30 Minuten

1. Den Zucker bei milder Hitze karamellisieren. Mit dem Orangensaft ablöschen. Die Hagebutten darin 5 Minuten kochen, dann im Sud abkühlen lassen.

2. 2 EL Kürbiskernöl in einer beschichteten Pfanne erhitzen. Knoblauch, Rosmarin, Zucchini und Kürbis 6–8 Minuten darin anbraten. Kurz vor Ende der Garzeit die Walnüsse hinzufügen.

3. Das Gemüse und die Hagebutten auf einer Platte oder auf Tellern anrichten. Den Schafskäse darüberbröckeln und mit dem restlichen Esslöffel Kürbiskernöl beträufeln. Mit Salz, Pfeffer und Zitronensaft würzen.

Birnen-Fenchel-Chicorée-Salat mit Nüssen

Dressing
60 g Sauerrahm
4 EL Olivenöl
3 EL Zitronensaft
5 EL Birnensaft
50 g Blauschimmelkäse
Salz | weißer Pfeffer aus der Mühle

2 Fenchelknollen, halbiert, Strunk entfernt und hauchdünn geschnitten
2 Chicorée, halbiert, Strunk entfernt und hauchdünn geschnitten
2 Birnen, halbiert, Kerne entfernt und hauchdünn geschnitten
1 EL Olivenöl
40 g Walnüsse, gehackt
1 Knoblauchzehe, fein gehackt
30 g Mandeln, gehackt

Zubereitungszeit: 30 Minuten

1. Für das Dressing Sauerrahm, Öl, Zitronensaft, Birnensaft und Blauschimmelkäse fein pürieren. Mit Salz und Pfeffer würzen.

2. Fenchel, Chicorée und Birnen mit dem Dressing gut vermischen.

3. Das Öl erhitzen, Walnüsse, Knoblauch und Mandeln darin rösten und über den Salat streuen.

Trauben-Bergkäse-Focaccia

Teig
25 g frische Hefe
1 TL Zucker
250 g Mehl (Type 550)
300 g Dinkelmehl
5 EL Olivenöl
3 Zweige Thymian, fein gehackt,
oder 1 EL getrockneter Thymian
1 TL grobes Meersalz

100 g rote Trauben, halbiert, entkernt
100 g Bergkäse, gewürfelt
2 EL Olivenöl
schwarzer Pfeffer aus der Mühle

Zubereitungszeit: 30 Minuten
(ohne Back- und Gehzeit)

1. Hefe, Zucker und 50 ml lauwarmes Wasser verrühren und 15 Minuten gehen lassen.
Mehl, Dinkelmehl, die angerührte Hefe, Olivenöl, Thymian, 180 ml lauwarmes Wasser und Meersalz mit den Knethaken des Handrührgeräts zu einem glatten Teig verarbeiten. Mit einem Tuch abgedeckt an einem warmem Ort 40 Minuten gehen lassen.

2. Den Teig auf bemehlter Arbeitsfläche zu einer runden Platte von 28 cm Durchmesser ausrollen. Den Boden einer Springform von 28 cm Durchmesser mit Backpapier auslegen, den Rand aufsetzen und fetten. Den Teig in die Form geben. Die Trauben darauf verteilen, leicht in den Teig drücken und an einem warmem Ort zugedeckt weitere 30 Minuten gehen lassen.

3. Den Bergkäse darauf verteilen, mit dem Olivenöl beträufeln, mit Pfeffer und Meersalz würzen.
Im vorgeheizten Backofen bei 180 Grad (mit Umluft bei 160 Grad) 30 Minuten backen.

Dazu passt ein Salat.

 Roter Feldsalat mit Birnen und gefüllten Datteln

< Roter Feldsalat mit Birnen und gefüllten Datteln

Gefüllte Datteln
100 g Frischkäse
1 Zweig Minze, fein gehackt, oder 1 TL getrocknete Minze
1 EL gerösteter Sesam
40 g gemahlene Mandeln
2 TL Zitronensaft
Salz | Pfeffer aus der Mühle
gemahlener Piment
8 Datteln, entsteint

2 EL Sesam- oder Olivenöl
3 Birnen, geschält, entkernt, in Spalten geschnitten
1 TL Zitronensaft

Dressing
2 EL Sesam- oder Olivenöl
1 TL milder Senf
2 TL Honig
1 EL Balsamicoessig
2 TL Cranberrysaft oder ersatzweise Birnen- oder Apfelsaft
300 g roter oder grüner Feldsalat

Zubereitungszeit: 40 Minuten

1. Den Frischkäse mit Minze, Sesam, Mandeln und 2 TL Zitronensaft verrühren. Mit Salz, Pfeffer und Piment abschmecken. Die Datteln längs aufschneiden und die Füllung auf die Dattelhälften verteilen.

2. Das Öl in einer Pfanne erhitzen und die Birnenspalten 3–5 Minuten dünsten. Mit Salz, Pfeffer und 1 TL Zitronensaft abschmecken.

3. Für das Dressing Öl, Senf, Honig, Balsamico und Cranberrysaft verrühren. Mit Salz und Pfeffer würzen. Salat mit dem Dressing vermischen, mit den Birnen und den gefüllten Datteln servieren.

Warmer Kartoffelsalat mit Pinienkernen und Artischocken-Chips

800 g festkochende Kartoffeln
2 EL Olivenöl
60 g Schalotten, fein gewürfelt
2 Knoblauchzehen, fein gehackt
200 ml Gemüsebrühe
1 Prise Zucker
2–3 EL Weißweinessig
100 g getrocknete Tomaten, in feine Streifen geschnitten
3 Zweige Oregano, fein gehackt, oder 1 TL getrockneter Oregano
feines Meersalz | weißer Pfeffer aus der Mühle
30 g Pinienkerne, geröstet

Artischocken-Chips

4 mittelgroße Artischocken
3 EL Zitronensaft
100 ml Öl zum Frittieren

Zubereitungszeit: 50 Minuten

1. Die Kartoffeln 20 Minuten in der Schale kochen.

2. Inzwischen das Olivenöl in einem Topf erhitzen, Schalotten und Knoblauch andünsten. Mit Brühe, Zucker und Essig aufgießen und 5 Minuten offen köcheln lassen.

3. Die Kartoffeln schälen, etwas abkühlen lassen und in hauchdünne Scheiben schneiden. Mit Brühe, getrockneten Tomaten, Oregano, Salz und Pfeffer vermischen. 30 Minuten ziehen lassen.

4. Für die Artischocken-Chips von den Artischocken das obere Drittel abschneiden, die äußeren harten Blätter entfernen und das Heu mit einem Messer herauslösen. Die Böden von harten Fasern befreien und in hauchdünne Scheiben schneiden, diese sofort mit dem Zitronensaft vermischen. Das Öl erhitzen, die Artischocken darin frittieren, herausheben und auf Küchenpapier abtropfen lassen.

5. Den Kartoffelsalat mit den Artischocken-Chips und mit Pinienkernen bestreut servieren.

Überbackenes Ziegenkäse-Nussbrot mit Schlehen-Oliven

Kastanien-Stockbrot

200 g Kastanienmehl
200 g Mehl (Type 505)
1/2 Würfel Hefe
3 EL Olivenöl
Salz
275 ml Wasser

Zubereitungszeit: 20 Minuten (ohne Gehzeit)

1. Die beiden Mehlsorten mit der zerbröckelten Hefe, Olivenöl, Salz und Wasser mit den Händen zu einem glatten Teig kneten. Mit einem Tuch abdecken und 45 Minuten an einem warmen Ort gehen lassen.

2. Kräftige Zweige vorbereiten, im oberen Teil entasten und anspitzen. Jeweils eine Handvoll Teig um die Spitze der Zweige wickeln. Über dem heißen Feuer rundherum 5–8 Minuten rösten.

< Überbackenes Ziegenkäse-Nussbrot mit Schlehen-Oliven

Schlehen-Oliven
1/2 l Rotwein
1/2 l Wasser
4–5 Zweige Rosmarin
150 g Meersalz
500 g Schlehen

150 g Ziegenkäse-Camembert
150 g Nussbrot, in Scheiben geschnitten

Zubereitungszeit: 35 Minuten (ohne Reifezeit der Schlehen)

1. Rotwein und Wasser mit den Rosmarinzweigen und dem Salz aufkochen und abkühlen lassen. Die Schlehen in ein Glas füllen und mit der Flüssigkeit bedecken. Das Glas verschließen und die Schlehen mindestens 2 Monate ziehen lassen.

2. Den Ziegenkäse in 3 cm dicke Scheiben schneiden. Die Nussbrotscheiben auf ein mit Backpapier ausgelegtes Blech geben und den Käse darauf verteilen. Unter dem vorgeheizten Backofengrill 5–8 Minuten backen.

3. Die Schlehen mit Wasser abspülen und zu den Ziegenkäsebroten servieren.

 Rote-Bete-Apfel-Salat mit gebackenem Schafskäse in Nusskruste

< Rote-Bete-Apfel-Salat mit gebackenem Schafskäse in Nusskruste

500 g Rote Bete (Randen), roh
Salz | schwarzer Pfeffer aus der Mühle
2 TL Honig
4 TL Zitronensaft
5 EL Olivenöl
2 Äpfel, entkernt und in Spalten geschnitten

Schafskäse in Nusskruste
1 Ei
50 g gemahlene Haselnüsse
60 g Semmelbrösel
250 g Schafskäse

Zubereitungszeit: 1 Stunde

1. Die Rote Bete ungeschält in leicht gesalzenem Wasser 30 Minuten bei geschlossenem Deckel gar kochen. Gegen Ende der Garzeit mit einem spitzen Messer prüfen, ob sie durch sind. Dann abgießen, schälen und in Spalten schneiden. Mit Salz, Pfeffer, Honig und 3 TL Zitronensaft würzen.

2. 2 EL Öl in einer Pfanne erhitzen. Die Apfelspalten darin anbraten, mit dem restlichen Teelöffel Zitronensaft beträufeln, mit Salz und Pfeffer würzen. Mit der Roten Bete mischen.

3. Für die Panade das Ei verquirlen. Haselnüsse und Semmelbrösel mischen. Den Schafskäse in etwa 3 x 2 cm große Streifen schneiden. Die Streifen zuerst im Ei, dann in der Nuss-Brösel-Mischung wenden. Ein zweites Mal durch das Ei ziehen und die Panade gut andrücken.

4. 3 EL Öl in einer zweiten Pfanne erhitzen und den panierten Schafskäse rundherum 5 Minuten anbraten. Den gebackenen Schafskäse mit dem Salat servieren.

Dazu passt Bauernbrot.

Gebackene Quitten mit Ziegenkäse und Kürbiskernöl

4 mittelgroße Quitten
150 g Ziegenfrischkäse
½ Bund Petersilie, fein gehackt
50 ml Schlagsahne
Salz | weißer Pfeffer aus der Mühle
2 EL Zitronensaft
30 g Kürbiskerne, trocken geröstet
2–3 EL Kürbiskernöl

Zubereitungszeit: 35 Minuten (ohne Backzeit)

1. Die Quitten in Alufolie wickeln und im vorgeheizten Ofen bei 200 Grad (mit Umluft bei 180 Grad) 60–70 Minuten backen.

2. Den Ziegenfrischkäse mit Petersilie, Sahne, Salz, Pfeffer und Zitronensaft verrühren.

3. Die Quitten aus dem Ofen nehmen, halbieren, Kerne und Haut entfernen. Auf den noch warmen Quitten den Ziegenkäse, die Kürbiskerne und das Kürbiskernöl verteilen.

Dazu passt Baguette.

Gebratene Kürbisscheiben mit Mangold und Cabanossi >

1 unbehandelte Orange
4 EL Olivenöl
1 Zwiebel, fein gewürfelt
1 Knoblauchzehe, fein gehackt
300 g Mangold, in Streifen geschnitten
100 ml Weißwein
Salz | schwarzer Pfeffer aus der Mühle
200 g Muskatkürbis, in dünne, mundgerechte Scheiben geschnitten
100 g Cabanossi (pikante Rohwurst), in Scheiben geschnitten
frisch geriebene Muskatnuss
1 EL Kürbiskernöl

Zubereitungszeit: 35 Minuten

1. Ein Viertel der Orangenschale fein abreiben, den Saft auspressen.

2. 2 EL Öl in einem Topf erhitzen, Zwiebel, Knoblauch und Mangold andünsten. Mit dem Weißwein ablöschen und zugedeckt 5 Minuten kochen lassen. Mit Salz, Pfeffer, Orangenschale und 3 EL Orangensaft abschmecken (den restlichen Orangensaft anderweitig verwenden).

3. Nochmals 2 EL Öl in einer Pfanne erhitzen, Kürbis- und Wurstscheiben rundherum 5 Minuten braten. Mit Salz, Pfeffer und Muskatnuss würzen. Zusammen mit dem Mangold auf einer Platte anrichten und mit dem Kürbiskernöl beträufeln.

Zwiebel-Holunder-Tartelettes

Teig
10 g frische Hefe, zerbröckelt
140 g Mehl (Type 405)
100 g Buchweizenmehl
Salz
2 EL Olivenöl

Belag
2 EL Olivenöl
2 Knoblauchzehen, fein gehackt
300 g Zwiebeln, in feine Ringe geschnitten
75 ml Schlagsahne
2 Eier
weißer Pfeffer aus der Mühle
frisch geriebene Muskatnuss
30 g Cranberries
oder ersatzweise Preiselbeeren aus dem Glas
4 Dolden Holunderbeeren, abgezupft,
oder ersatzweise 50 g Brombeeren, gehackt

Zubereitungszeit: 45 Minuten
(ohne Geh- und Backzeit)

1. Für den Teig Hefe, Mehl, Buchweizenmehl, Salz, Öl und 120 ml lauwarmes Wasser mit den Knethaken des Handrührgeräts zu einem glatten Teig verarbeiten. Mit einem Tuch abgedeckt 30 Minuten an einem warmen Ort gehen lassen.

2. Inzwischen 2 EL Öl in einer Pfanne erhitzen, Knoblauch und Zwiebeln 5 Minuten unter Rühren dünsten.

3. Sahne, Eier, Salz, Pfeffer und Muskatnuss verrühren.

4. Den Teig nochmals durchkneten, in 4 Portionen teilen und auf einer bemehlten Arbeitsfläche jeweils zu Kreisen von 15 cm Durchmesser ausrollen. Den Teig in gefettete Tarteförmchen legen, am Rand gut andrücken. Die gedünsteten Zwiebeln mit Cranberries und Holunderbeeren vermischen und auf die Teigböden verteilen. Die Ei-Sahne-Mischung darübergeben.

5. Im vorgeheizten Backofen bei 190 Grad (mit Umluft bei 170 Grad) mit Alufolie abgedeckt 35 Minuten backen.

Dazu passt Federweißer.

Zwiebel-Holunder-Tartelettes

Satte Pracht

SUPPEN UND EINTÖPFE

 Petersilienwurzelsuppe mit Sanddorn und gerösteten Kürbiskernen

Maronensuppe mit Amarettosahne und Hähnchenbrust

<< Petersilienwurzelsuppe mit Sanddorn und gerösteten Kürbiskernen

5 EL Olivenöl
2 Zwiebeln, fein gewürfelt
500 g Petersilienwurzel, geschält, grob gewürfelt
250 g Kartoffeln, geschält, grob gewürfelt
2 Knoblauchzehen, fein gehackt
1 l Gemüsebrühe
200 ml Schlagsahne
30 g Kürbiskerne
grobes Meersalz | Pfeffer aus der Mühle
frisch geriebene Muskatnuss
20 g Sanddornmark, ungesüßt
(aus dem Reformhaus)

Zubereitungszeit: 40 Minuten

1. 3 EL Olivenöl in einem Topf erhitzen. Zwiebeln, Petersilienwurzel, Kartoffeln und Knoblauch darin andünsten. Mit Gemüsebrühe und Sahne ablöschen. Bei mittlerer Hitze zugedeckt 15 Minuten köcheln lassen.

2. In einer Pfanne nochmals 2 EL Olivenöl erhitzen, die Kürbiskerne 3 Minuten darin anrösten und mit etwas Meersalz würzen.

3. Die Suppe mit dem Pürierstab oder im Mixer fein pürieren. Mit Salz, Pfeffer und Muskatnuss abschmecken. Mit dem Sanddornmark beträufelt und mit den Kürbiskernen bestreut servieren.

< Maronensuppe mit Amarettosahne und Hähnchenbrust

3 EL Olivenöl
1 Zwiebel, fein gehackt
1 Knoblauchzehe, fein gehackt
2 Zweige Thymian, fein gehackt,
oder 1 TL getrockneter Thymian
500 g Kartoffeln, geschält, geviertelt
200 g geschälte, vorgegarte Maronen,
in Scheiben geschnitten
50 g gemahlene Mandeln
½ l Gemüsebrühe
200 ml Schlagsahne
30 ml Amaretto
2 Hähnchenbrüste (je 160 g)
Salz | schwarzer Pfeffer aus der Mühle
1 Messerspitze gemahlener Piment

Zubereitungszeit: 40 Minuten

1. 1 EL Öl in einem großen Topf erhitzen, Zwiebel, Knoblauch und Thymian andünsten. Kartoffeln, Maronen, Brühe, Mandeln und 100 ml Sahne hinzufügen und zugedeckt bei mittlerer Hitze 35 Minuten kochen lassen.

2. Die restlichen 100 ml Sahne halbsteif schlagen und den Amaretto darunterziehen.

3. 2 EL Öl in einer Pfanne erhitzen und die Hähnchenbrust 5 Minuten rundherum braten. Mit Salz, Pfeffer und Piment würzen. In dünne Scheiben schneiden.

4. Die Suppe mit dem Pürierstab oder im Mixer fein pürieren. Mit Hähnchenbrust und Sahne servieren.

Steinpilzsuppe mit Cranberries und Sherrysahne >

20 g getrocknete Steinpilze
30 g Butter
1 Zwiebel, fein gewürfelt
1 Zweig Rosmarin, fein gehackt, oder ½ TL getrockneter Rosmarin
100 g Kartoffeln, geschält, gewürfelt
200 g Steinpilze oder ersatzweise Champignons, geputzt und je nach Größe halbiert
300 ml Gemüsebrühe
250 ml Schlagsahne
Salz | weißer Pfeffer aus der Mühle
2–3 TL Limettensaft
30 ml Sherry
20 g Zucker
50 g Cranberries
2 EL Olivenöl

Zubereitungszeit: 50 Minuten

1. Die getrockneten Steinpilze in 400 ml lauwarmem Wasser 30 Minuten einweichen.

2. 20 g Butter in einem Topf erhitzen, Zwiebel, Rosmarin und Kartoffelwürfel bei mittlerer Hitze andünsten. Die eingeweichten Steinpilze samt Einweichwasser sowie die Hälfte der frischen Steinpilze hinzufügen und 3 Minuten dünsten. Dann die Gemüsebrühe und 150 ml Sahne hinzufügen. Zugedeckt 25 Minuten kochen lassen. Mit Salz, Pfeffer und Limettensaft würzen. Mit dem Pürierstab oder im Mixer fein pürieren.

3. Die restlichen 100 ml Sahne halbsteif schlagen, den Sherry hinzufügen.

4. 10 g Butter mit dem Zucker erhitzen und die Cranberries 3 Minuten darin schwenken.

5. Das Öl in einer beschichteten Pfanne erhitzen, die restlichen 100 g Steinpilze darin bei starker Hitze 2–3 Minuten braten, mit Salz und Pfeffer würzen. Die Suppe mit Cranberries, Pilzen und der Sahne servieren.

Dazu passt Baguette.

 Steinpilzsuppe mit Cranberries und Sherrysahne

Kartoffelsuppe mit Radicchio, Sardellen und Kürbiskernöl

2 EL Ghee (aus dem Reformhaus)
oder Butterschmalz
1 Zwiebel, fein gewürfelt
½ TL Fenchelsamen
1 TL Kurkuma
350 g Kartoffeln, geschält, fein gewürfelt
800 ml Gemüsebrühe
Salz | weißer Pfeffer aus der Mühle
100 ml Schlagsahne
100 g Radicchio, in feine Streifen geschnitten
100 g eingelegte Sardellen, grob gehackt
1 EL Kürbiskernöl

Zubereitungszeit: 45 Minuten

1. Ghee oder Butterschmalz in einem Topf erhitzen, Zwiebel, Fenchelsamen, Kurkuma und Kartoffeln andünsten. Gemüsebrühe, Salz und Pfeffer hinzufügen und zugedeckt bei mittlerer Hitze 20 Minuten kochen lassen. Nach 15 Minuten die Sahne hinzufügen.

2. Die Suppe mit dem Pürierstab oder im Mixer fein pürieren, den Radicchio und die Sardellen hinzufügen. Etwas Kürbiskernöl darüberträufeln.

Dazu passt Ciabattabrot.

Herbst-Minestrone mit Knoblauchbrot und Tomatencreme

3 EL Butterschmalz oder Ghee (aus dem Reformhaus) oder Olivenöl
350 g Karotten, geschält, in Scheiben geschnitten
300 g Sellerie, geschält, in 1 cm große Würfel geschnitten
2 Zwiebeln, fein gewürfelt
200 g Kürbis, geschält, entkernt, fein gewürfelt
350 g Pastinaken, geschält, in Scheiben geschnitten
1 TL getrockneter Majoran
1 EL Tomatenmark
300 ml Weißwein
1,3 l Gemüsebrühe
2 Lorbeerblätter, eingerissen
150 g Orecchiette oder eine andere kleine Teigwarensorte
100 g Mangold, mundgerecht geschnitten

Knoblauchbrot

1 unbehandelte Zitrone
60 g Butter
2 Knoblauchzehen, fein gehackt
8 dünne Brotscheiben

Tomatencreme

50 g Crème fraîche
1 EL Tomatenmark
20 g Sonnenblumenkerne, trocken geröstet

Zubereitungszeit: 1 Stunde

1. Butterschmalz oder Ghee in einem großen Topf erhitzen, das Gemüse mit dem Majoran darin andünsten, 1 EL Tomatenmark einrühren, mit Weißwein und Brühe aufgießen und die Lorbeerblätter hinzufügen. Zugedeckt bei mittlerer Hitze 25 Minuten kochen lassen. 10 Minuten vor Ende der Garzeit die Teigwaren und den Mangold hinzufügen und fertig garen.

2. Für das Knoblauchbrot die Hälfte der Zitronenschale fein abreiben, den Saft auspressen. Die Butter mit Zitronenschale, 1 EL Zitronensaft und Knoblauch mit den Schneebesen des Handrührgeräts weiß-schaumig schlagen. Die Brotscheiben damit auf einer Seite bestreichen und im heißen Ofen bei 200 Grad (mit Umluft bei 180 Grad) 5–8 Minuten überbacken.

3. Für die Tomatencreme die Crème fraîche mit Tomatenmark, Sonnenblumenkernen, Salz und Pfeffer gut verrühren. Die Suppe nochmals mit Salz, Pfeffer und 2–3 EL Zitronensaft abschmecken. Mit Tomatencreme und Knoblauchbrot servieren.

Kürbissuppe mit Nüssen und Trauben, dazu Käsestangen

2 EL Olivenöl
1 Zwiebel, fein gewürfelt
1 Knoblauchzehe, fein gehackt
300 g Kürbis, geschält, entkernt, grob gewürfelt
1 Apfel, entkernt, grob gewürfelt
200 ml weißer Traubensaft
100 ml Schlagsahne
½ l Gemüsebrühe
2 Zweige Thymian, abgezupft,
oder 1 EL getrockneter Thymian
schwarzer Pfeffer aus der Mühle
2 EL Zitronensaft
30 g Haselnüsse, grob gehackt
40 g weiße Trauben, halbiert

Käsestangen
½ Würfel frische Hefe, zerbröckelt
100 g Kastanienmehl
200 g Mehl
2 EL Olivenöl
1 EL Honig
Salz
40 g Bergkäse, fein gerieben

Zubereitungszeit: 50 Minuten (ohne Geh- und Backzeit)

1. Für den Teig der Käsestangen Hefe, Kastanienmehl, Mehl, 2 EL Öl, Honig, Salz und 5 EL Wasser mit den Knethaken des Handrührgeräts zu einem glatten Teig verarbeiten. Mit einem Tuch abgedeckt an einem warmem Ort 30 Minuten gehen lassen.

2. Für die Suppe 2 EL Öl in einem Topf erhitzen, Zwiebel, Knoblauch, Kürbis und Apfel andünsten. Mit Traubensaft, Sahne und Gemüsebrühe ablöschen. Salz und Thymian hinzufügen. Zugedeckt bei mittlerer Hitze 20 Minuten köcheln lassen.

3. Inzwischen den Teig nochmals durchkneten, zu 8 Stangen formen und auf ein mit Backpapier belegtes Backblech legen. Mit dem Käse bestreuen und im vorgeheizten Ofen bei 190 Grad (mit Umluft bei 170 Grad) 15–20 Minuten backen.

4. Die Suppe fein pürieren, mit Salz, Pfeffer und Zitronensaft abschmecken. Die Nüsse und die Trauben hinzufügen. Die Käsestangen zur Suppe servieren.

Kürbissuppe mit Nüssen und Trauben, dazu Käsestangen

 Rindfleischeintopf mit Steinpilzen, Mangold und Crème fraîche

< Rindfleischeintopf mit Steinpilzen, Mangold und Crème fraîche

50 g getrocknete Steinpilze
2 EL Sonnenblumenöl
500 g Rindergulasch, in ca. 2 cm große Würfel geschnitten
Salz | schwarzer Pfeffer aus der Mühle
2 Zwiebeln, grob gewürfelt
700 ml Rinderbrühe
600 g Kartoffeln, geschält, gewürfelt
500 g Karotten, in Scheiben geschnitten
200 g Mangold, fein gehackt
2 TL Zitronensaft
2 EL Rotweinessig
2 EL Sonnenblumenkerne
60 g Crème fraîche

Zubereitungszeit: 1 Stunde

1. Die Steinpilze in ½ l Wasser über Nacht einweichen. Anschließend den Fond durch ein Sieb abgießen; die Steinpilze beiseite stellen.

2. Das Öl in einem großen Topf erhitzen und das Fleisch bei starker Hitze rundherum hellbraun anbraten. Mit Salz und Pfeffer würzen.
Die Zwiebeln hinzufügen und kurz mitbraten.
Mit dem Steinpilzfond und der Brühe aufgießen und zugedeckt bei mittlerer Hitze 35 Minuten garen.

3. Kartoffeln, Karotten, die beiseite gestellten Steinpilze und den Mangold hinzufügen und weitere 20 Minuten zugedeckt kochen lassen.
Zuletzt den Eintopf mit Salz, Pfeffer und Rotweinessig abschmecken.

4. Die Sonnenblumenkerne in einer Pfanne ohne Fett rösten. Zusammen mit der Crème fraîche zum Eintopf servieren.

Dazu passt ein Nussbrot.

Überbackene Zwiebel-Birnen-Suppe

2 EL Olivenöl
500 g Zwiebeln, in Streifen geschnitten
2 Birnen, geschält, entkernt, in Spalten geschnitten
40 g getrocknete Tomaten, in feine Streifen geschnitten
½ TL Kreuzkümmel (Cumin)
2 Zweige Oregano, fein gehackt, oder 1 TL getrockneter Oregano
350 ml Birnensaft
½ l Gemüsebrühe
Salz | weißer Pfeffer aus der Mühle
8 dünne Scheiben Baguette
80 g Bergkäse, fein gerieben

Zubereitungszeit: 35 Minuten

1. Das Öl in einem Topf erhitzen, Zwiebeln, Birnen, Tomaten, Kreuzkümmel und Oregano andünsten. Mit Birnensaft und Gemüsebrühe ablöschen. Zugedeckt bei mittlerer Hitze 15 Minuten köcheln lassen. Mit Salz und Pfeffer abschmecken.

2. Die Zwiebelsuppe auf Schalen oder Teller verteilen, die Baguettescheiben darauflegen und mit dem Käse bestreuen. Auf der obersten Schiene unter dem vorgeheizten Backofengrill 2–3 Minuten überbacken.

Pilzeintopf mit Nudeln und Pastinaken

20 g getrocknete Steinpilze
3 EL Olivenöl
2 Zwiebeln, fein gewürfelt
1 Knoblauchzehe, fein gehackt
3 Zweige Rosmarin, fein gehackt
250 g gemischte Pilze, geputzt, in Scheiben geschnitten
200 g Pastinaken, fein gewürfelt
200 g kleine Teigwaren (z. B. Mini-Orecchiette)
feines Meersalz | weißer Pfeffer aus der Mühle
frisch gemahlener Piment

Zubereitungszeit: 40 Minuten

1. Die getrockneten Steinpilze über Nacht in 1 ½ l Wasser einweichen. Das Einweichwasser durch ein Sieb abgießen und aufbewahren; die eingeweichten Steinpilze gut ausdrücken und fein hacken.

2. Das Öl in einem großen Topf erhitzen, Zwiebeln, Knoblauch, Rosmarin, Pilze und Pastinaken andünsten. Den Steinpilzfond hinzufügen. Zugedeckt bei mittlerer Hitze 25 Minuten köcheln lassen. Nach 15 Minuten Kochzeit die Teigwaren hinzufügen. Mit Salz, Pfeffer und Piment würzen.

Dazu passt Baguette.

Kürbiseintopf mit Maronen, Speck und Buchweizen

< Kürbiseintopf mit Maronen, Speck und Buchweizen

3 EL Olivenöl
300 g Kürbis, entkernt, in 1 cm große Würfel geschnitten
500 g Kartoffeln, geschält, gewürfelt
80 g Speck, in dünne Streifen geschnitten
1 TL schwarze Senfsamen
2 Wacholderbeeren, leicht zerdrückt
2 Knoblauchzehen, in feine Scheiben geschnitten
2 Zweige Thymian, abgezupft und fein gehackt, oder 1 TL getrockneter Thymian
2 Zwiebeln, fein gehackt
1,2 l Gemüsebrühe
100 g geschälte, vorgegarte Maronen, in dünne Scheiben geschnitten
100 g Buchweizen
1 unbehandelte Orange, abgeriebene Schale und Saft
Salz | bunter Pfeffer aus der Mühle

Zubereitungszeit: 50 Minuten

1. Das Öl in einem großen Topf erhitzen, Kürbis, Kartoffeln, Speck, Senfsamen, Wacholderbeeren, Knoblauch, Thymian und Zwiebeln darin anbraten. Mit der Gemüsebrühe ablöschen und zugedeckt bei mittlerer Hitze 35 Minuten kochen lassen.

2. 10 Minuten vor Ende der Garzeit die Maronen und den Buchweizen hinzufügen und fertig kochen. Mit Salz, Pfeffer, Orangensaft und Orangenschale abschmecken.

Dazu passt ein Nussbrot.

Endiviensuppe mit gehobelten Champignons

300 g Endiviensalat
2 EL Öl
1 Zwiebel, fein gewürfelt
250 g Kartoffeln, geschält, grob gewürfelt
2 Knoblauchzehen, fein gehackt
800 ml Gemüsebrühe
200 ml Schlagsahne
feines Meersalz | weißer Pfeffer aus der Mühle
2–3 TL Zitronensaft
frisch geriebene Muskatnuss
30 g Crème fraîche
50 g Champignons, fein gehobelt

Zubereitungszeit: 40 Minuten

1. Den Endiviensalat in kochendem Salzwasser 1 Minute kochen, dann mit kaltem Wasser abschrecken. Gut abtropfen lassen und fein hacken.

2. Das Öl in einem Topf erhitzen, Zwiebel, Kartoffeln und Knoblauch andünsten.
Mit Gemüsebrühe und Sahne ablöschen und zugedeckt 20 Minuten köcheln lassen. Kurz vor Ende der Garzeit den Endiviensalat hinzufügen. Die Suppe fein pürieren. Mit Salz, Pfeffer, Zitronensaft und Muskatnuss abschmecken.

3. Die Suppe mit Crème fraîche und gehobelten Champignons servieren.

 Bohnen-Champignon-Gemüse mit Borretsch und Kartoffeln

Bunte Ernte

VEGETARISCHE HAUPTGERICHTE

< Bohnen-Champignon-Gemüse mit Borretsch und Kartoffeln

800 g kleine festkochende Kartoffeln (z. B. Vitelotte)
500 g Stangenbohnen, geputzt
Salz
150 ml Schlagsahne
200 ml Gemüsebrühe
2 TL Dijonsenf
weißer Pfeffer aus der Mühle
3 EL Olivenöl
1 Knoblauchzehe, fein gehackt
1 Zwiebel, fein gewürfelt
300 g Champignons, geputzt, in feine Scheiben geschnitten
1 Handvoll Borretschblüten und Blätter, fein gehackt
frisch geriebene Muskatnuss
gemahlener Piment
20 g Butter

Zubereitungszeit: 50 Minuten

1. Die Kartoffeln in kochendem Salzwasser 20 Minuten kochen. Die Bohnen ebenfalls in kochendem Salzwasser 8 Minuten kochen. Danach beides abgießen.

2. Sahne, Gemüsebrühe, Senf, Salz und Pfeffer aufkochen und 5 Minuten offen köcheln lassen. Die Sauce warm halten.

3. Das Öl in einer Pfanne erhitzen, Knoblauch, Zwiebel und Champignons anbraten, Bohnen und Borretsch hinzufügen. Mit Salz, Pfeffer, Muskatnuss und Piment würzen.

4. Die Kartoffeln schälen und in der erhitzten Butter schwenken. Mit den Bohnen und der Sauce anrichten.

Rote-Bete-Rösti mit Blumenkohl in Erdnusssauce

Rösti
300 g Kartoffeln
300 g Rote Bete (Randen), roh
20 g Mehl (Type 505)
Salz | Pfeffer aus der Mühle
frisch geriebene Muskatnuss
2 Eier
3 EL Olivenöl

500 g Blumenkohl, in Röschen zerteilt
500 g Romanesco, in Röschen zerteilt
2 EL Olivenöl
2 Zwiebeln, fein gewürfelt
½ TL Kreuzkümmel (Cumin), ganz
150 ml Schlagsahne
250 ml Gemüsebrühe
30 g Erdnussbutter
30 g geröstete Erdnüsse
1 Bund Schnittlauch, fein geschnitten

Zubereitungszeit: 1 Stunde

1. Für die Rösti Kartoffeln und Rote Bete grob reiben. Mehl, Salz, Pfeffer und Muskatnuss hinzufügen, mischen und sämtliche Flüssigkeit gut ausdrücken. Die Eier darunterziehen.
Das Öl in einer beschichteten Pfanne erhitzen. Die Kartoffelmasse in 8 Portionen teilen und von jeder Seite 5 Minuten zu kleinen Rösti braten. Im vorgeheizten Ofen bei 160 Grad (mit Umluft bei 140 Grad) 15 Minuten fertig garen.

2. Inzwischen Blumenkohl und Romanesco in kochendem Salzwasser 8 Minuten garen. Abgießen und abtropfen lassen.

3. Das Öl in einem Topf erhitzen, Zwiebeln und Kreuzkümmel andünsten. Sahne, Brühe und Erdnussbutter hinzufügen und 5 Minuten offen köcheln lassen. Blumenkohl und Romanesco sowie Erdnüsse und Schnittlauch hinzufügen. Mit Salz, Pfeffer und Muskatnuss würzen. Mit den Rösti servieren.

Rote-Bete-Rösti mit Blumenkohl in Erdnusssauce

Kartoffel-Pilz-Strudel mit Endiviensalat

< Kartoffel-Pilz-Strudel mit Endiviensalat

Strudelteig
100 g Mehl (Type 505)
1 Eigelb
grobes Meersalz
2 EL Olivenöl

Füllung
500 g mehligkochende Kartoffeln
2 EL Olivenöl
500 g gemischte Pilze (Shiitake, Pfifferlinge, Champignons, Austernpilze), geputzt, in Scheiben geschnitten
2 Zwiebeln, fein gewürfelt
2 Knoblauchzehen, fein gehackt
3 Zweige Majoran, fein gehackt, oder 1 TL getrockneter Majoran
schwarzer Pfeffer aus der Mühle
200 g Räuchertofu oder Tofu nature
1 Ei
Olivenöl zum Bestreichen

250 g Endiviensalat, in Streifen geschnitten
30 ml Orangensaft
1 TL grober Senf
3 EL Olivenöl
2 EL Zitronensaft
1 TL Honig
2 Zweige Petersilie, fein gehackt

Zubereitungszeit: 1 Stunde und 20 Minuten

1. Für den Strudelteig Mehl, Eigelb, 4 EL kaltes Wasser, Salz und Olivenöl mit den Knethaken des Handrührgeräts zu einem glatten Teig verarbeiten. In Folie gewickelt 30 Minuten kalt stellen.

2. Die Kartoffeln in Salzwasser 20 Minuten zugedeckt kochen. Abgießen, schälen und ausdampfen lassen.

3. Das Öl in einer beschichteten Pfanne erhitzen, Pilze, Zwiebeln, Knoblauch und Majoran anbraten. Mit Salz und Pfeffer würzen. Abkühlen lassen.

4. Die Kartoffeln und den Tofu grob reiben. Mit den abgekühlten Pilzen vermischen und das Ei daruntermengen.

5. Den Strudelteig auf einer bemehlten Arbeitsfläche sehr dünn ausrollen (etwa 40 x 30 cm groß). Den Boden mit 1 EL Olivenöl bestreichen. Die Kartoffel-Pilz-Masse darauf verteilen, die Ränder frei lassen. Den Teig von der längeren Seite her einschlagen und den Strudel aufrollen. Mit 1 EL Olivenöl bestreichen, mit grobem Meersalz und etwas Pfeffer bestreuen. Im vorgeheizten Ofen bei 200 Grad (mit Umluft bei 180 Grad) 35 Minuten backen.

6. Für den Salat Orangensaft, Senf, Olivenöl, Zitronensaft, Salz und Honig kräftig verrühren. Die Petersilie hinzufügen und mit dem Salat mischen. Zum Strudel servieren.

Buchweizen-Pilz-Risotto mit gebratenen Kräuterseitlingen

Buchweizen-Risotto
15 g getrocknete Steinpilze
1 Zwiebel, fein gewürfelt
2 Knoblauchzehen, fein gehackt
2 Zweige Rosmarin, fein gehackt, oder 1 EL getrockneter Rosmarin
2 EL Olivenöl
250 g Buchweizen
250 ml Gemüsebrühe
Salz | bunter Pfeffer aus der Mühle
2 Messerspitzen gemahlener Piment
geriebener Parmesan zum Bestreuen

Sauce
150 ml Schlagsahne
50 ml Gemüsebrühe
20 g Parmesan, gerieben

3 EL Olivenöl
400 g Kräuterseitlinge, geputzt, halbiert

Zubereitungszeit: 45 Minuten

1. Die getrockneten Steinpilze über Nacht in 600 ml Wasser einweichen. Das Einweichwasser abgießen und aufbewahren; die Steinpilze gut ausdrücken und fein hacken.

2. Zwiebel, Knoblauch und Rosmarin im Olivenöl andünsten. Den Buchweizen hinzufügen und kurz mitrösten. Mit der Gemüsebrühe und ½ l Einweichwasser von den Steinpilzen ablöschen. Zugedeckt 25 Minuten bei mittlerer Hitze köcheln lassen, dabei mehrmals umrühren. Mit Salz, Pfeffer und Piment würzen.

3. Für die Sauce die Schlagsahne mit der Gemüsebrühe und den restlichen 100 ml Einweichwasser von den Steinpilzen 5 Minuten offen köcheln lassen. Parmesan, Salz und Pfeffer hinzufügen und mit dem Pürierstab fein pürieren.

4. Das Öl in einer beschichteten Pfanne erhitzen. Die Kräuterseitlinge rundherum 5 Minuten braten. Mit Salz, Pfeffer und Piment würzen. Den Buchweizenrisotto mit den Pilzen und der Sauce anrichten, mit Parmesan bestreut servieren.

Schupfnudeln mit Blumenkohl und Preiselbeer-Birne

< Schupfnudeln mit Blumenkohl und Preiselbeer-Birne

Schupfnudeln

800 g mehligkochende Kartoffeln
2 Eigelb
100 g Mehl (Type 505)
70 g Hartweizengrieß
Salz | schwarzer Pfeffer aus der Mühle
1 Bund Petersilie, fein gehackt
frisch geriebene Muskatnuss
2 EL Olivenöl

1 Blumenkohl (etwa 800 g), in Röschen zerteilt
4 Birnen, geschält, halbiert, entkernt
150 ml Birnensaft
2 EL Olivenöl
2 Knoblauchzehen, fein gehackt
1 Zwiebel, fein gewürfelt
½ TL Kreuzkümmel
8 TL Preiselbeergelee

Zubereitungszeit: 1 Stunde und 30 Minuten

1. Für den Schupfnudelteig die Kartoffeln am Vortag in Salzwasser 25 Minuten zugedeckt kochen. Abgießen, schälen und zugedeckt im Kühlschrank aufbewahren.

2. Die Kartoffeln fein reiben oder durch eine Presse drücken. Mit Eigelben, Mehl, Grieß, Salz, Pfeffer, Petersilie und Muskatnuss vermengen. Den Teig 20 Minuten ruhen lassen. Auf einer bemehlten Arbeitsfläche aus dem Teig vier je 25 cm lange Rollen formen, davon Stücke von je 2 cm Länge abschneiden und zwischen den Handflächen zu Schupfnudeln formen. Die Schupfnudeln in reichlich kochendem Salzwasser 5 Minuten garen, dann abgießen, kalt abschrecken und gut abtropfen lassen. Das Öl in einer beschichteten Pfanne erhitzen und die Schupfnudeln 6–8 Minuten braten.

3. Die Blumenkohlröschen in kochendem Salzwasser 8 Minuten garen. Die Birnen im Birnensaft zugedeckt 8 Minuten bei mittlerer Hitze dünsten.

4. In einer beschichteten Pfanne das Öl erhitzen und Knoblauch, Zwiebel und Kreuzkümmel andünsten. Den Blumenkohl hinzufügen und 5 Minuten braten. Die Schupfnudeln mit Blumenkohl und Birnen anrichten. In die Birnen etwas Preiselbeergelee füllen.

Buchweizennudel-Gratin mit Gemüse-Bolognese und Pinienkernen

Buchweizennudeln
250 g Buchweizenmehl
250 g Weizenmehl (Type 505)
Salz
250 ml kaltes Wasser
2 EL Olivenöl

Gemüse-Bolognese
2 EL Olivenöl
200 g Sellerie, geschält, sehr fein gewürfelt
200 g Karotten, geschält, sehr fein gewürfelt
200 g Auberginen, sehr fein gewürfelt
200 g Zucchini, sehr fein gewürfelt
2 Zwiebeln, fein gewürfelt
5 Blätter Salbei, fein gehackt, oder ½ TL getrockneter Salbei
2 Knoblauchzehen, fein gehackt
2 EL Tomatenmark
½ l Rotwein
700 ml passierte Tomaten
Meersalz | bunter Pfeffer aus der Mühle

70 g Pinienkerne, trocken geröstet
80 g Parmesan, fein gerieben

Zubereitungszeit: 55 Minuten

1. Für den Nudelteig Buchweizenmehl, Mehl, Salz und kaltes Wasser mit den Knethaken des Handrührgeräts zu einem glatten Teig verarbeiten. In Folie gewickelt 30 Minuten kalt stellen.

2. Inzwischen für die Gemüse-Bolognese das Öl in einem großen Topf erhitzen und Gemüse, Zwiebeln, Salbei und Knoblauch darin andünsten. Tomatenmark hinzufügen und kurz mitdünsten. Mit Rotwein und passierten Tomaten aufgießen und zugedeckt 20 Minuten kochen lassen. Mit Salz und Pfeffer würzen.

3. Den Nudelteig vierteln, auf einer bemehlten Arbeitsfläche jeweils dünn auf etwa 30 x 30 cm ausrollen, gut mit Mehl bestäuben und von einer Seite aufrollen. Die Teigrolle in feine Streifen schneiden und nochmals mit Mehl bestreut gut lockern. Die Nudeln in reichlich kochendem Salzwasser 5 Minuten weich kochen, kalt abschrecken, abgießen und mit 2 EL Olivenöl vermischen.

4. Bolognese, Pinienkerne, Nudeln und Parmesan abwechselnd in eine Form schichten. Mit einer Schicht Bolognese abschließen und mit dem Parmesan bestreuen. Im vorgeheizten Ofen bei 180 Grad (mit Umluft bei 160 Grad) 25 Minuten backen.

Kastanien-Gnocchi mit gebratenen Gewürzquitten

Kastanien-Gnocchi mit gebratenen Gewürzquitten

Gnocchi
650 g Kartoffeln
2 Eigelb
100 g Kastanienmehl
60 g Hartweizengrieß
Salz, weißer Pfeffer aus der Mühle
frisch geriebene Muskatnuss
3 EL Olivenöl zum Braten
100 g geschälte, gegarte Maronen, in dünne Scheiben geschnitten

3 EL Olivenöl
2 Quitten, geschält, entkernt, in dünne Scheiben geschnitten
3 Knoblauchzehen, in dünne Scheiben geschnitten
1 Zwiebel, in hauchdünne Streifen geschnitten
3 Zweige Rosmarin, fein gehackt
1 TL Kräuter der Provence
50 g reifer Gouda oder anderer würziger Käse, fein gehobelt

Zubereitungszeit: 50 Minuten (ohne Vorkochzeit)

1. Die Kartoffeln am Vortag in Salzwasser 25 Minuten zugedeckt kochen. Abgießen, schälen und zugedeckt im Kühlschrank aufbewahren.

2. Die Kartoffeln fein reiben oder durch eine Kartoffelpresse drücken. Mit Eigelben, Kastanienmehl und Grieß mischen, mit Salz, Pfeffer und Muskatnuss würzen. Den Teig 20 Minuten ruhen lassen. Dann auf einer bemehlten Arbeitsfläche zu zwei 35 cm langen Rollen formen. Mit einem Messer jeweils Stücke von 2 cm Länge abschneiden, zwischen den bemehlten Handflächen zu Kugeln rollen und mit den Zinken einer Gabel auf einer Seite eindrücken. In kochendem Salzwasser 3 Minuten garen, dann herausheben und in kaltes Wasser geben.

3. Für die Quitten das Öl erhitzen. Die Quittenscheiben 6–8 Minuten braten, Knoblauch, Zwiebel, Rosmarin, Kräuter der Provence und Salz hinzufügen.

4. Für die Gnocchi in einer zweiten beschichteten Pfanne das Öl erhitzen, die Gnocchi darin gut anbraten und die Maronen hinzufügen. Die Quitten unter die Gnocchi mischen und mit dem Käse bestreut servieren.

Ravioli mit Radicchio-Feigen-Füllung auf Radicchio-Gemüse

Nudelteig
75 g Hartweizengrieß
125 g Mehl (Type 505)
2 EL Olivenöl
1 Ei
1 Eigelb
Salz
1 Eiweiß zum Bestreichen

Füllung
350 g Kartoffeln, geschält, halbiert
25 g Hartweizengrieß
1 Eigelb
250 g Radicchio,
100 g für die Füllung fein gehackt,
150 g in feine Streifen geschnitten
4 getrocknete Feigen, fein gewürfelt
weißer Pfeffer aus der Mühle

2 EL Olivenöl
2 Knoblauchzehen,
in dünne Scheiben geschnitten
2 Zwiebeln, fein gewürfelt
100 ml Schlagsahne
200 ml Gemüsebrühe
2–3 TL Ahornsirup
60 g Parmesan, gehobelt

Zubereitungszeit: 1 Stunde und 30 Minuten

1. Für den Nudelteig Grieß, Mehl, Olivenöl, Ei, Eigelb, 3 EL kaltes Wasser und Salz zu einem glatten Teig verarbeiten. Den Teig abgedeckt 30 Minuten ruhen lassen. Auf einer bemehlten Arbeitsfläche dünn ausrollen und 28 Rondellen von 8 cm Durchmesser ausstechen.

2. Inzwischen für die Füllung die Kartoffeln in Salzwasser zugedeckt 20 Minuten kochen, abgießen, ausdämpfen lassen und durch eine Kartoffelpresse drücken. Mit Grieß, Eigelb, dem fein gehackten Radicchio, Feigen, Salz und Pfeffer vermischen.

3. Die Hälfte der Teigrondellen mit Eiweiß bestreichen, die Füllung darauf verteilen, mit den restlichen Teigrondellen bedecken und mit einer Gabel die Ränder gut festdrücken.

4. Das Öl in einer Pfanne erhitzen, die Radicchiostreifen mit Knoblauch und Zwiebeln andünsten. Mit Sahne und Brühe aufgießen. Mit Salz, Pfeffer und Ahornsirup abschmecken.

5. Die Ravioli in kochendem Salzwasser 4 Minuten kochen, abgießen und mit dem Radicchio-Gemüse vermischen. Nochmals aufkochen. Mit dem Parmesan bestreut servieren.

Getrüffeltes Kartoffelpüree mit gebratenem Kürbis

Kartoffelpüree
650 g mehligkochende Kartoffeln, geschält
Meersalz
200 ml Milch
25 g Butter
frisch geriebene Muskatnuss
weißer Pfeffer aus der Mühle
1–2 TL Trüffelöl
1 Bund Petersilie, fein gehackt
1 kleine Herbsttrüffel, frisch hauchdünn gehobelt

2 EL Ghee (aus dem Reformhaus) oder Butterschmalz oder ersatzweise 3 EL Olivenöl
250 g Muskatkürbis, in 1 cm dicke Scheiben geschnitten
2 TL Zitronensaft

Zubereitungszeit: 45 Minuten

1. Für das Püree die Kartoffeln in kochendem Salzwasser 25 Minuten zugedeckt kochen. Abgießen und fein zerstampfen. Die Milch erwärmen. Milch, Butter, Muskatnuss, Salz, Pfeffer, Petersilie, Trüffelöl und einige frische Scheiben Trüffel hinzufügen. Warm stellen.

2. Ghee oder Schmalz in einer beschichteten Pfanne erhitzen, die Kürbisscheiben von jeder Seite 4–5 Minuten braten. Mit Salz, Pfeffer, Zitronensaft und Muskatnuss würzen.
Mit dem Kartoffelpüree anrichten, mit etwas von dem Bratfett beträufeln und mit einigen Trüffelscheiben garnieren.

Getrüffeltes Kartoffelpüree mit gebratenem Kürbis

 Pappardelle mit Waldpilzen, Holunderbeeren und Parmesan

Pappardelle mit Waldpilzen, Holunderbeeren und Parmesan

4 EL Olivenöl
1 Knoblauchzehe, fein gehackt
1 Zwiebel, fein gewürfelt
3 Zweige Thymian, abgezupft, oder 1 EL getrockneter Thymian
350 g gemischte Pilze (Steinpilze, Champignons, Pfifferlinge), geputzt, mundgerecht geschnitten
4 Dolden Holunderbeeren, abgezupft
100 ml Schlagsahne
30 ml Holundersaft
Salz | weißer Pfeffer aus der Mühle
1 Messerspitze gemahlener Piment

500 g Pappardelle
30 g Parmesan, grob gerieben

Zubereitungszeit: 45 Minuten

1. 3 EL Öl in einer beschichteten Pfanne erhitzen. Knoblauch, Zwiebel, Thymian und Pilze 6–8 Minuten braten. Nach 4 Minuten die Holunderbeeren hinzufügen. Kurz vor Ende der Garzeit Sahne und Holundersaft hinzufügen. Mit Salz, Pfeffer und Piment würzen.

2. Die Teigwaren in kochendem Salzwasser 8 Minuten kochen, abgießen, mit 1 EL Öl vermischen und auf 4 Teller verteilen. Die Pilze darauf anrichten und mit Parmesan bestreut servieren.

Annakartoffeln mit Herbstpilzen und Röstzwiebeln

Annakartoffeln
50 g Butter
1 kg große festkochende Kartoffeln, geschält, in hauchdünne Scheiben geschnitten
Meersalz | weißer Pfeffer aus der Mühle

50 g Butter
300 g Zwiebeln, in hauchdünne Scheiben geschnitten
1 TL Kreuzkümmel, ganz
2 Knoblauchzehen, fein gehackt
300 g gemischte Herbstpilze (Steinpilze, Maronen, Champignons, Kräuterseitlinge), geputzt
2 Messerspitzen gemahlener Piment
½ Bund Petersilie, fein gehackt

Zubereitungszeit: 1 Stunde (ohne Backzeit)

1. Für den Kartoffelauflauf die Butter schmelzen. Die Kartoffelscheiben fächerförmig überlappend in eine feuerfeste Form schichten, dabei jede Schicht mit Salz und Pfeffer würzen und mit Butter bestreichen. Im vorgeheizten Ofen bei 180 Grad (mit Umluft bei 160 Grad) 30 Minuten backen.

2. Inzwischen in einer beschichteten Pfanne 25 g Butter erhitzen. Zwiebeln, Kreuzkümmel und Knoblauch 6–8 Minuten braten. Dabei mehrmals wenden.

3. Die restlichen 25 g Butter in einer zweiten Pfanne erhitzen, die Pilze 5–7 Minuten braten. Mit Salz, Pfeffer und Piment würzen und die Petersilie daruntermischen.

Buchweizen-Tarte mit Pilzen, Ingwer und Kürbis

< Buchweizen-Tarte mit Pilzen, Ingwer und Kürbis

Teig

100 g Buchweizenmehl
100 g Dinkel-Vollkornmehl
150 g Butter
1 Eigelb
Salz

Füllung

4 Eier
150 g Sauerrahm
20 g Ingwer, fein gerieben
weißer Pfeffer aus der Mühle
3 Zweige Rosmarin, fein gehackt, oder 1 EL getrockneter Rosmarin
60 g Walnüsse, gemahlen
100 g Kräuterseitlinge, geputzt, längs halbiert
100 g Champignons, geputzt, in grobe Scheiben geschnitten
150 g Muskatkürbis, in Scheiben geschnitten

Zubereitungszeit: 45 Minuten

1. Für den Teig Buchweizenmehl, Dinkelmehl, Butter, Eigelb und Salz zu einem glatten Teig verkneten. In Folie gewickelt 30 Minuten kalt stellen.

2. Eier, Sauerrahm, Ingwer, Pfeffer, Rosmarin und Salz gut verrühren.

3. Eine Backform von 20 x 40 cm oder eine Kuchenform von 26 cm Durchmesser (am besten mit herausnehmbarem Boden) fetten.
Den Teig auf einer bemehlten Arbeitsfläche zu entsprechender Größe ausrollen. Die Backform damit auslegen und am Rand leicht andrücken. Den Boden mit einer Gabel einstechen. Die Nüsse auf dem Teigboden verteilen, Pilze und Kürbis daraufgeben und mit der Eimischung übergießen.

4. Im vorgeheizten Ofen bei 190 Grad (mit Umluft bei 170 Grad) zuerst 10 Minuten auf der untersten Einschubleiste backen, dann weitere 20 Minuten auf der mittleren Einschubleiste backen.

Kartoffeln, Süßkartoffeln und Rote Bete, in der Salzkruste gegart, mit Steinpilzbutter

Gemüse in der Salzkruste
1 kg Meersalz
500 g mittelgroße Kartoffeln
500 g kleine Rote Bete (Randen)
500 g kleine Süßkartoffeln

300 g Endiviensalat, in feine Streifen geschnitten
3 EL Olivenöl
2 EL Zitronensaft
1 EL Honig
1 TL Senf
30 g geröstete Sonnenblumenkerne

Steinpilzbutter
15 g getrocknete Steinpilze
100 g Butter
weißer Pfeffer aus der Mühle
frisch geriebene Muskatnuss

Zubereitungszeit: 25 Minuten (ohne Backzeit)

1. Das Meersalz mit 250 ml Wasser gut vermischen. Die Hälfte der Salzmasse in eine Aufflaufform füllen, Kartoffeln, Süßkartoffeln und Rote Bete darauf verteilen und mit der restlichen Salzmasse bedecken. Im vorgeheizten Ofen bei 180 Grad (mit Umluft bei 160 Grad) 45 Minuten backen.

2. Für das Dressing Olivenöl, Zitronensaft, Honig und Senf verrühren. Mit Salz und Pfeffer würzen. Mit dem Salat mischen und mit Sonnenblumenkernen bestreuen.

3. Für die Butter die Steinpilze in 100 ml heißem Wasser 20 Minuten einweichen, dann gut ausdrücken und fein hacken. Die Butter mit den Schneebesen des Handrührgeräts schaumig schlagen. Die Steinpilze hinzufügen und mit Salz, Pfeffer und Muskatnuss würzen. Das Gemüse aus der Kruste lösen und mit Steinpilzbutter und Salat servieren.

Gebratene Pilze mit Thymian und Kastanien auf Kräuterpolenta

Polenta
½ l Wasser
½ l Milch
250 g Polentagrieß
Salz | weißer Pfeffer aus der Mühle
frisch geriebene Muskatnuss
1 Bund Petersilie, fein gehackt
70 g Parmesan, fein gerieben

2 EL Olivenöl
250 g Kartoffeln, geschält, klein gewürfelt
2 Zwiebeln, fein gewürfelt
1 Knoblauchzehe, fein gehackt
750 g gemischte Pilze (Kräuterseitlinge, Steinpilze, Champignons), geputzt, in Scheiben geschnitten
200 g geschälte, vorgegarte Maronen, in dünne Scheiben geschnitten
3 Zweige Thymian, fein gehackt, oder 1 TL getrockneter Thymian
gemahlener Pfeffer

Zubereitungszeit: 1 Stunde (ohne Kühlzeit)

1. Für die Polenta Wasser, ½ TL Salz und Milch in einem Topf aufkochen. Den Topf vom Herd nehmen und den Polentagrieß unter Rühren hinzufügen. Einmal kurz aufkochen, dann vom Herd nehmen und 5 Minuten quellen lassen. Mit Salz, Pfeffer und Muskatnuss würzen. Die Petersilie daruntermischen. Die Masse auf einem gefetteten Blech verteilen und abkühlen lassen. Kurz vor dem Servieren mit dem Parmesan bestreuen und im vorgeheizten Ofen unter dem Backofengrill 6–8 Minuten überbacken.

2. Inzwischen das Öl in einer beschichteten Pfanne erhitzen, die Kartoffeln 5 Minuten braten. Zwiebeln, Knoblauch, Pilze, Maronen und Thymian hinzufügen und weitere 5 Minuten braten, mit Pfeffer würzen. Mit der Polenta servieren.

Hauptsachen

FLEISCH UND FISCH

Rindersteak mit Nusskruste, Schnippelbohnen und Brombeersauce

<< Hirschsteak mit Wirsing, Shiitake und Hagebutten

300 g Wirsing, ohne Strunk,
in feine Streifen geschnitten
Salz
200 g Hagebutten, halbiert, entkernt
3 EL Bratöl
4 Hirschsteaks (je 160 g)
weißer Pfeffer aus der Mühle
200 g Shiitakepilze, in feine Scheiben
geschnitten
150 ml Schlagsahne

Zubereitungszeit: 50 Minuten

1. Den Wirsing in kochendem Salzwasser 8 Minuten garen. Abgießen und kalt abschrecken.

2. Die Hagebutten 5 Minuten in kochendem Salzwasser kochen.

3. Das Öl in einer Pfanne erhitzen. Die Hirschsteaks mit Salz und Pfeffer würzen und von jeder Seite 5–7 Minuten braten. Kurz vor Ende der Garzeit die Shiitakepilze beigeben und mitbraten.

4. In einem separaten Topf den Wirsing und die Hagebutten mit der Sahne aufkochen, mit Salz und Pfeffer würzen.

Dazu passen Kartoffeln.

< Rindersteak mit Nusskruste, Schnippelbohnen und Brombeersauce

60 g gemahlene Haselnüsse
50 g Butter
3 EL Semmelbrösel (Paniermehl)
Salz | weißer Pfeffer aus der Mühle
20 g Butter
1 Zwiebel, fein gewürfelt
1 Knoblauchzehe, fein gehackt
500 g Stangenbohnen, quer in feine Streifen geschnitten
250 ml Gemüsebrühe
frisch geriebene Muskatnuss
4 Rindersteaks (je 180 g)
3 EL Bratöl
150 ml Rotwein
60 g Brombeeren

Zubereitungszeit: 1 Stunde

1. Für die Nusskruste Haselnüsse, Butter, Semmelbrösel, Salz und Pfeffer gut verkneten und kalt stellen.

2. Für die Bohnen die Butter erhitzen, Zwiebel und Knoblauch darin andünsten, die Bohnen hinzufügen, mit Gemüsebrühe ablöschen und zugedeckt 15 Minuten kochen lassen.
Mit Salz, Pfeffer und Muskatnuss würzen.

3. Die Steaks mit Pfeffer würzen. Das Öl in einer beschichteten Pfanne erhitzen und die Steaks von jeder Seite 5 Minuten braten. In eine feuerfeste Form legen und die Krustenmasse auf den Steaks verteilen. Im vorgeheizten Ofen unter dem Backofengrill 3–5 Minuten überbacken.

4. Die Bratrückstände in der Pfanne mit dem Rotwein aufgießen, die Brombeeren hinzufügen und 3 Minuten lebhaft kochen lassen, dann in ein hohes Gefäß füllen und mit dem Pürierstab fein pürieren. Die Steaks mit den Bohnen und der Sauce servieren.

Doradenfilet auf karamellisiertem Chicorée mit Rieslingschaum

Kartoffel-Bohnen-Topf mit Quitten, Pfifferlingen und Schinken

400 g kleine Kartoffeln
350 g Stangenbohnen, geputzt
Salz
3 EL Olivenöl
1 Quitte, geschält, entkernt, in dünne Spalten geschnitten
2 Zwiebeln, fein gewürfelt
2 Knoblauchzehen, fein gehackt
3 Zweige Majoran, fein gehackt, oder 1 EL getrockneter Majoran
100 g Schinken, in Streifen geschnitten
200 g Pfifferlinge, geputzt, halbiert
schwarzer Pfeffer aus der Mühle
2–3 EL Zitronensaft

Zubereitungszeit: 1 Stunde

1. Die Kartoffeln in Salzwasser zugedeckt 20 Minuten kochen. Die Bohnen in kochendem Salzwasser 10 Minuten garen.

2. Das Öl in einer beschichteten Pfanne erhitzen und die Quittenspalten darin 6–8 Minuten braten. Zwiebeln, Knoblauch, Majoran, Schinken und Pfifferlinge hinzufügen und 5 Minuten weiterbraten.

3. Die Kartoffeln schälen und halbieren. Kartoffeln und Bohnen zur Pilzmischung in die Pfanne geben, gut unterheben und mit Salz, Pfeffer und Zitronensaft würzen.

< Doradenfilet auf karamellisiertem Chicorée mit Rieslingschaum

Rieslingschaum
20 g Butter
1 Zwiebel, fein gewürfelt
100 g weiße Trauben, halbiert, entkernt
1 Knoblauchzehe, fein gehackt
200 ml Riesling
200 ml Schlagsahne
Salz | weißer Pfeffer aus der Mühle
2 TL Zitronensaft

Karamellisierter Chicorée
20 g Butter
20 g Zucker
4 Chicorée, halbiert, Strunk entfernt

8 Doradenfilets
1 TL gemahlenes Ingwerpulver
3 EL Olivenöl
3 TL Zitronensaft
3 Zweige Petersilie, fein gehackt

Zubereitungszeit: 45 Minuten

1. Für den Rieslingschaum die Butter erhitzen und darin Zwiebel, Trauben und Knoblauch andünsten. Mit Riesling und Sahne aufgießen und bei mittlerer Hitze 10 Minuten offen köcheln lassen. Dann mit dem Pürierstab fein pürieren. Mit Salz, Pfeffer und Zitronensaft abschmecken.

2. Für den Chicorée Butter und Zucker in einer Pfanne karamellisieren. Die Chicoréehälften mit der Schnittfläche nach unten in die Pfanne legen, leicht salzen und zugedeckt 10–12 Minuten schmoren lassen.

3. Die Doradenfilets mit Salz, Pfeffer und Ingwer würzen. In einer Pfanne das Öl erhitzen und die Fischfilets von jeder Seite 5 Minuten braten. Mit Zitronensaft beträufeln. Mit Chicorée und Rieslingschaum anrichten und mit Petersilie bestreut servieren.

Rosa gebratener Rehrücken mit Apfelspalten und Dinkelspätzle

< Rosa gebratener Rehrücken mit Apfelspalten und Dinkelspätzle

Dinkelspätzle
4 Eier
Salz
75 g Mehl (Type 405)
200 g Dinkelmehl
20 g Butter
frisch geriebene Muskatnuss

600 g Rehrücken
schwarzer Pfeffer aus der Mühle
gemahlener Piment
3 EL Bratöl
2 Rosmarinzweige
2 Äpfel, entkernt, in Spalten geschnitten
150 ml Gemüsebrühe
2 Wacholderbeeren, grob zerdrückt
150 ml Schlagsahne

Zubereitungszeit: 1 Stunde und 20 Minuten

1. Für die Spätzle die Eier mit ½ TL Salz verrühren. Mehl und Dinkelmehl hinzufügen und mit den Knethaken des Handrührgeräts zu einem glatten Teig verarbeiten. 20 Minuten ruhen lassen.
Den Teig mit einer Spätzlepresse portionsweise in kochendes Salzwasser pressen. Sobald sie obenauf schwimmen mit einer Schaumkelle herausheben und kalt abschrecken.

2. Den Rehrücken mit Salz, Pfeffer und Piment rundum würzen. 2 EL Öl in einer Pfanne erhitzen und den Rehrücken darin bei mittlerer Hitze anbraten. Die Rosmarinzweige hinzufügen und das Fleisch im vorgeheizten Backofen bei 170 Grad 12 Minuten garen. 5 Minuten vor Ende der Garzeit die Apfelspalten hinzufügen. Aus dem Ofen nehmen und Apfelspalten sowie Rehrücken in Alufolie gewickelt 5 Minuten ruhen lassen.

3. Den Bratfond in der Pfanne mit Brühe, Wacholderbeeren und Sahne aufgießen und 3 Minuten offen köcheln lassen. Die Sauce mit dem Pürierstab fein mixen.

4. Gleichzeitig die gut abgetropften Spätzle in der erhitzten Butter schwenken und erwärmen. Mit Salz, Pfeffer und Muskatnuss würzen.

5. Den Rehrücken aufschneiden und mit Apfelspalten, Spätzle und Wacholdersauce servieren.

Wirsingpäckchen mit Pastinaken und Kabeljau

4 große Wirsingblätter, Strunk entfernt
1 EL Olivenöl
1 TL Fenchelsamen
1 Zwiebel, fein gewürfelt
350 g Pastinaken, geschält, grob gewürfelt
200 ml Gemüsebrühe
100 ml Schlagsahne
Salz | Pfeffer aus der Mühle
frisch geriebene Muskatnuss
4 Kabeljaufilets (je 150 g)
2 TL Zitronensaft
200 ml Weißwein

200 g Muskatkürbis, geschält, entkernt, fein gewürfelt
2 EL Olivenöl
etwas gemahlener Piment

Zubereitungszeit: 1 Stunde

1. Die Wirsingblätter in kochendem Salzwasser 15 Minuten weich kochen, herausheben, kalt abschrecken und auf der Arbeitsfläche ausbreiten.

2. In einem Topf 1 EL Öl erhitzen, Fenchel, Zwiebel und Pastinaken darin andünsten. Mit 100 ml Brühe und der Sahne ablöschen. Mit Salz, Pfeffer und Muskatnuss würzen, zugedeckt 15 Minuten kochen lassen. Alles zusammen fein pürieren.

3. Die Wirsingblätter mit der Pastinakencreme einstreichen. Die Kabeljaufilets mit Salz, Pfeffer und Zitronensaft würzen und auf die vier Blätter verteilen. Diese zu Päckchen zusammenwickeln und mit Holzspießchen verschließen.

4. Die Wirsingpäckchen in eine feuerfeste Form legen, Weißwein und 100 ml Brühe aufgießen. Im vorgeheizten Ofen bei 190 Grad (mit Umluft bei 170 Grad) 20 Minuten garen. Dabei einmal wenden.

5. Inzwischen 2 EL Öl erhitzen und Kürbiswürfel rundherum 5–7 Minuten braten. Mit Salz, Pfeffer und Piment würzen.

6. Von den Wirsingpäckchen die Holzspieße entfernen. Zusammen mit dem Kürbis und etwas Sud servieren.

 Crespelle mit Weißkraut, Trauben und Huhn

Crespelle mit Weißkraut, Trauben und Huhn

Weißkraut mit Trauben
2 EL Olivenöl
350 g Weißkraut, Strunk entfernt, in feine Streifen geschnitten
2 Zwiebeln, in feine Streifen geschnitten
2 Knoblauchzehen, fein gehackt
250 ml weißer Traubensaft
100 ml Schlagsahne
250 ml Gemüsebrühe
Salz | bunter Pfeffer aus der Mühle
frisch geriebene Muskatnuss
150 g rote Trauben, halbiert, entkernt

Crespelle
25 g Butter
70 g Buchweizenmehl
2 Eier
200 ml Milch
Salz

4 Hähnchenbrüste (je etwa 170 g)
1 EL gemahlenes Ingwerpulver
3 EL Olivenöl

Zubereitungszeit: 1 Stunde

1. Für das Kraut das Öl in einem Topf erhitzen. Kraut, Zwiebeln und Knoblauch andünsten. Mit Traubensaft, Sahne und Brühe ablöschen und zugedeckt 35 Minuten bei mittlerer Hitze kochen lassen. Mit Salz, Pfeffer und Muskatnuss würzen. 5 Minuten vor Ende der Garzeit die Trauben hinzufügen.

2. Inzwischen für die Crespelle die Butter schmelzen. Buchweizenmehl, Eier, Milch, die zerlassene Butter und 1 Prise Salz glatt rühren und den Teig 30 Minuten quellen lassen. Eine beschichtete Pfanne jeweils mit etwas Öl ausstreichen und aus dem Teig 8 dünne Crespelle backen.

3. Die Hähnchenbrüste mit Salz, Pfeffer und Ingwer würzen. Öl in einer Pfanne erhitzen und die Hähnchenbrüste rundherum 6–8 Minuten braten. Die Hähnchenbrüste in Scheiben schneiden und mit den Crespelle und dem Kraut servieren.

Hühnerbrust mit Steinpilzfüllung, Rieslingkraut und Schupfnudeln

Schupfnudeln
650 g mehligkochende Kartoffeln
2 Eigelb
100 g Mehl
Salz | Pfeffer aus der Mühle
frisch geriebene Muskatnuss
2 EL Olivenöl zum Braten

20 g getrocknete Steinpilze
4 EL Olivenöl
2 Zweige Thymian, fein gehackt,
oder 1 TL getrockneter Thymian
60 g gemahlene Haselnüsse
4 Hähnchenbrüste (je 160 g)

Rieslingkraut
350 g Sauerkraut
250 ml Riesling
200 ml Schlagsahne
3 Wacholderbeeren, grob zerdrückt
2 Lorbeerblätter
Salz | schwarzer Pfeffer aus der Mühle
1 TL Zucker
200 g weiße Trauben, halbiert, entkernt

Zubereitungszeit: 1 Stunde und 20 Minuten

1. Für die Schupfnudeln die Kartoffeln am Vortag in Salzwasser 20 Minuten zugedeckt kochen, abgießen, schälen und zugedeckt im Kühlschrank aufbewahren. Am folgenden Tag die Kartoffeln fein reiben oder durch eine Presse drücken.
Mit Eigelben, Mehl, Salz, Pfeffer und Muskatnuss vermengen. Mit Folie abgedeckt 30 Minuten kalt stellen.

2. Die Steinpilze in 300 ml heißem Wasser 20 Minuten einweichen. Die Pilze gut ausdrücken (das Einweichwasser anderweitig verwenden, zum Beispiel für eine Steinpilzbrühe).
1 EL Öl erhitzen, Pilze und Thymian anbraten, die Haselnüsse hinzufügen und abkühlen lassen. In die Hähnchenbrüste jeweils längs ein Tasche einschneiden, die Füllung hineindrücken und mit Holzspießen verschließen.

3. Das Sauerkraut mit Riesling, Sahne, Wacholderbeeren, Lorbeerblättern, Salz, Pfeffer und Zucker 30 Minuten zugedeckt kochen lassen. 10 Minuten vor Ende der Garzeit die Trauben hinzufügen.

4. Für die Schupfnudeln auf einer bemehlten Arbeitsfläche aus dem Teig zwei jeweils 25 cm lange Rollen formen, davon Stücke von je 2 cm Länge abschneiden und zwischen den Handflächen zu kleinen Schupfnudeln formen.
Das Öl in einer beschichteten Pfanne erhitzen und die Schupfnudeln darin 6–8 Minuten braten. Warm stellen.

5. In einer zweiten Pfanne nochmals 3 EL Öl erhitzen und die gefüllten Hähnchenbrüste rundherum 8–10 Minuten braten. Dabei mehrmals wenden. Die Hähnchenbrüste halbieren, mit dem Rieslingkraut und den Schupfnudeln servieren.

Hühnerbrust mit Steinpilzfüllung, Rieslingkraut und Schupfnudeln

Zanderfilet mit Nusspesto auf Kartoffel-Steinpilz-Gröstel

Nusspesto
20 g Walnüsse, gehackt
3 Zweige Petersilie, fein gehackt
5 EL Olivenöl
Salz
20 g Parmesan, fein gerieben

Kartoffel-Steinpilz-Gröstel
500 g festkochende Kartoffeln
2 EL Olivenöl
300 g Steinpilze, geputzt, in Scheiben geschnitten
2 Zwiebeln, fein gewürfelt
Salz | weißer Pfeffer aus der Mühle
1 Messerspitze gemahlener Piment

800 g Zanderfilets
2 EL Olivenöl
50 ml Schlagsahne
30 ml Gemüsebrühe
30 g kalte Butter, gewürfelt
frisch geriebene Muskatnuss

Zubereitungszeit: 1 Stunde

1. Für den Pesto Walnüsse, Petersilie, Öl, Salz und Parmesan im Mixer oder Blitzhacker (Cutter) fein pürieren.

2. Die Kartoffeln in Salzwasser zugedeckt 20 Minuten kochen. Abgießen, schälen und in Scheiben schneiden. Das Öl in einer beschichteten Pfanne erhitzen, Kartoffeln, Pilze und Zwiebeln 5 Minuten braten. Mit Salz, Pfeffer und Piment würzen.

3. Die Zanderfilets von beiden Seiten mit Salz und Pfeffer würzen. Das Öl in einer zweiten Pfanne erhitzen, die Zanderfilets von jeder Seite 4 Minuten braten.

4. Sahne und Gemüsebrühe 3 Minuten einkochen. Die Butter in Würfeln darunterrühren. Mit Salz, Pfeffer und Muskatnuss würzen.

5. Den Fisch mit Pesto, Kartoffel-Steinpilz-Gröstel und Sauce servieren.

Tortilla mit Champignons, Mangold und Rohschinken

6 Eier
Salz | weißer Pfeffer aus der Mühle
frisch geriebene Muskatnuss
3 EL Olivenöl
1 Zwiebel, fein gehackt
250 g Champignons, in Scheiben geschnitten
100 g Mangold, fein geschnitten
250 g gekochte Kartoffeln,
geschält, in Scheiben geschnitten
100 g Rohschinken, fein gewürfelt

Zubereitungszeit: 45 Minuten

1. Die Eier mit Salz, Pfeffer und Muskatnuss verrühren.

2. Das Öl in einer großen beschichteten Pfanne erhitzen. Zwiebel, Champignons, Mangold, Kartoffeln und Schinken anbraten.
Die Eimischung darüber verteilen und zugedeckt bei milder Hitze 20 Minuten stocken lassen.
Die Tortilla stürzen und warm servieren.

Hähnchenbrust auf Quittenmus mit glasierten Karotten und Maronen

Quittenmus
600 g Quitten, geschält, geviertelt, entkernt
250 ml Apfelsaft
30 g Zucker
2–3 EL Zitronensaft

Glasierte Karotten und Maronen
600 g Karotten, geschält, längs halbiert
Salz
30 g Butter
2 Zweige Thymian, fein gehackt,
oder 1 TL getrockneter Thymian
150 g geschälte, vorgegarte Maronen
weißer Pfeffer aus der Mühle
frisch geriebene Muskatnuss

3 EL Bratöl
4 Hähnchenbrüste (je 160 g)

Zubereitungszeit: 1 Stunde

1. Für das Quittenmus die Quitten mit Apfelsaft, Zucker und Zitronensaft 20 Minuten zugedeckt kochen lassen. Dann alles zusammen fein pürieren.

2. Karotten in kochendem Salzwasser 10 Minuten garen. Die Butter erhitzen, Karotten, Thymian und Maronen darin schwenken. Mit Salz, Pfeffer und Muskatnuss würzen.

3. Das Öl in einer Pfanne erhitzen, die Hähnchenbrüste darin von jeder Seite 5 Minuten braten.
Mit Quittenmus und Karotten servieren.

 Gefülltes Apfel-Calvados-Huhn auf Karotten-Apfel-Gemüse

< Gefülltes Apfel-Calvados-Huhn auf Karotten-Apfel-Gemüse

120 g Scheiben Bauernbrot,
in 1 ½ cm große Würfel geschnitten
100 g geschälte, vorgegarte Maronen
2 Knoblauchzehen, fein gehackt
1 küchenfertiges Huhn (etwa 1,8 kg)
Salz
2 EL Ghee (aus dem Reformhaus)
oder Butterschmalz
100 ml Calvados
300 ml Apfelsaft
400 ml Hühnerbrühe
750 g Karotten, geschält,
in 3 cm große Stücke geschnitten
3 Äpfel, entkernt, geachtelt

Zubereitungszeit: 2 Stunden

1. Brot, Maronen und Knoblauch mischen. Das Huhn innen und außen salzen und mit der Brot-Maronen-Masse füllen. Die Keulen mit Küchengarn zusammenbinden. Das Huhn rundherum mit Ghee oder Schmalz einstreichen.

2. Calvados, Apfelsaft, Hühnerbrühe und 1 TL Salz gut verrühren. Das gefüllte Huhn in einen Bräter geben und mit der Calvados-Apfelsaft-Mischung aufgießen. Im auf 180 Grad vorgeheizten Ofen auf der untersten Schiene 1 ½ Stunde garen, dabei das Huhn immer wieder mit der Flüssigkeit übergießen. Nach 30 Minuten Garzeit die Karotten hinzufügen. 20 Minuten vor Ende der Garzeit die Äpfel hinzufügen.

3. Das Huhn herausheben und in Stücke zerteilen. Zusammen mit dem Karotten-Apfel-Gemüse und etwas Bratensaft servieren.

Putensteak mit gebratenen Quitten, Polenta und Rotweinsirup

Rotweinsirup
300 ml Rotwein
80 g Zucker
1 Lorbeerblatt
3 Wacholderbeeren, grob zerdrückt

4 Putensteaks (je 160 g)
2 TL gemahlenes Ingwerpulver
1 TL gemahlener Piment
weißer Pfeffer aus der Mühle | Salz
2 EL Olivenöl

Polenta
1/2 l Milch
1/2 l Wasser
1 Knoblauchzehe, fein gehackt
150 g Polentagrieß
1 Bund glatte Petersilie, fein gehackt

2 EL Olivenöl
2 Quitten, geschält, geachtelt, entkernt
2 Zwiebeln, in feine Ringe geschnitten

Zubereitungszeit: 1 Stunde und 15 Minuten

1. Rotwein, Zucker, Lorbeerblatt und Wacholder 15 Minuten offen zu einem Sirup einkochen lassen.

2. Die Putensteaks mit Ingwer, Piment und Pfeffer einreiben und 30 Minuten marinieren.

3. Inzwischen für die Polenta Milch, Wasser, Salz und Knoblauch aufkochen. Dann bei milder Hitze den Polentagrieß mit dem Schneebesen einrühren. Im vorgeheizten Ofen bei 160 Grad (mit Umluft bei 140 Grad) 20 Minuten quellen lassen, dabei mit einem Kochlöffel immer wieder umrühren. Kurz vor Ende der Garzeit die Petersilie daruntermischen.

4. Das Öl in einer beschichteten Pfanne erhitzen und die Quitten darin 10 Minuten braten, dabei häufig wenden. Nach 5 Minuten Garzeit die Zwiebeln hinzufügen. Mit Salz, Pfeffer und Piment würzen.

5. In einer zweiten Pfanne nochmals 2 EL Öl erhitzen. Die Putensteaks salzen und von jeder Seite 5 Minuten braten. Mit Polenta, Quitten und Rotweinsirup anrichten.

Perlhuhnbrust mit Zwetschgen und Maronen-Kartoffel-Schmarrn

Maronen-Kartoffel-Schmarrn
500 g kleine Kartoffeln
2 EL Sonnenblumenöl
100 g geschälte, vorgegarte Maronen, in Scheiben geschnitten
250 ml Milch
50 g Buchweizenmehl
100 g Mehl (Type 505)
2 Eier
Salz, weißer Pfeffer aus der Mühle
½ Bund Petersilie, fein gehackt
frisch geriebene Muskatnuss

30 g Zucker
200 g Zwetschgen, halbiert, entsteint
10 ml Zwetschgenwasser

Sauce
20 g Butter
10 g Mehl
100 ml Hühnerbrühe
75 ml Schlagsahne

4 Perlhuhnbrüste mit Haut oder ersatzweise Hähnchenbrüste
2 EL Sonnenblumenöl
2 Zimtstangen

Zubereitungszeit: 1 Stunde und 10 Minuten

1. Die Kartoffeln 20 Minuten zugedeckt in kochendem Salzwasser garen. Abgießen, schälen und in Scheiben schneiden. 2 EL Öl in einer beschichteten Pfanne erhitzen, Kartoffeln und Maronen anbraten.

2. Milch, Buchweizenmehl und Mehl mit einem Schneebesen verrühren. Eier, Salz, Pfeffer, Petersilie und Muskatnuss darunterrühren. Den Pfannkuchenteig zu Kartoffeln und Maronen in die Pfanne geben und bei milder Hitze stocken lassen. Dann mit Hilfe von 2 Löffeln in Fetzen reißen. Zugedeckt warm stellen.

3. Den Zucker in einer Pfanne karamellisieren. Die Zwetschgen darin schwenken und mit Zwetschgenwasser ablöschen.

4. Für die Sauce die Butter schmelzen, das Mehl einrühren. Mit kalter Brühe und Sahne aufgießen und 5 Minuten einkochen lassen. Mit Salz, Pfeffer und Muskatnuss würzen.

5. Die Perlhuhnbrüste mit Salz und Pfeffer würzen. Das Öl in einer Pfanne erhitzen, die Zimtstangen dazugeben und die Perlhuhnbrüste von jeder Seite 5 Minuten braten. Mit Zwetschgen, Kartoffel-Schmarrn und Sauce servieren.

Perlhuhnbrust mit Zwetschgen und Maronen-Kartoffel-Schmarrn

 Holunderbeerensuppe mit Grießnocken und Apfelspalten

SÜSSES

Saftig und reif

Castanaccio mit Vanilleeis und Balsamicosirup

<< Holunderbeerensuppe mit Grießnocken und Apfelspalten

750 ml Holundersaft
250 ml Apfelsaft
80 g Zucker
1 Messerspitze gemahlener Zimt
1 unbehandelte Orange,
abgeriebene Schale und Saft
1 Apfel, geschält, entkernt, geachtelt
2 EL Speisestärke

Grießnocken
125 ml Milch
20 g Butter
20 g Zucker
50 g Hartweizengrieß
1 Ei

Zubereitungszeit: 45 Minuten

1. Den Holundersaft mit Apfelsaft, Zucker, Zimt, Orangenschale und -saft aufkochen. Die Apfelspalten hinzufügen und 3 Minuten köcheln lassen. Kurz vor Ende der Garzeit die Stärke darunterrühren.

2. Für die Grießnocken in einem zweiten Topf Milch, Butter und Zucker aufkochen. Den Grieß zügig darunterrühren und mit einem Holzlöffel so lange rühren, bis sich der Teig vom Topfboden löst. Etwas abkühlen lassen, dann das Ei mit den Schneebesen des Handrührgeräts darunterarbeiten. Mit Hilfe von zwei Löffeln Klößchen abstechen und in kochendem Wasser 6–8 Minuten sieden lassen. Die Suppe mit den Grießklößchen servieren.

< Castanaccio mit Vanilleeis und Balsamicosirup

400 ml Milch
80 g Zucker
400 g Kastanienmehl
100 g getrocknete Cranberries
100 g Walnusskerne, gehackt
100 g geschälte, vorgegarte Maronen
1 Prise Salz
1 TL gemahlener Zimt
2 EL Olivenöl
80 g Pinienkerne

100 ml Balsamicoessig
80 g Zucker
300 ml Vanille-Eis

Zubereitungszeit: 25 Minuten (ohne Backzeit)

1. Milch, Zucker und Kastanienmehl gut verrühren. Cranberries, Walnüsse, Maronen, Salz, Zimt und Olivenöl daruntermischen. In eine gefettete Back- oder eine Auflaufform von etwa 20 cm Durchmesser füllen. Mit den Pinienkernen bestreuen. Im vorgeheizten Ofen bei 180 Grad (mit Umluft bei 160 Grad) 30 Minuten backen.

2. Inzwischen den Balsamicoessig mit dem Zucker bei mittlerer Hitze 10 Minuten offen köcheln lassen. Dann abkühlen lassen.

3. Den Castanaccio aus dem Ofen nehmen, etwas abkühlen lassen. In Stücke schneiden und mit Eis und Balsamicosirup servieren.

Milchreis mit Ingwer-Preiselbeeren und Schokoladensauce

100 g Milchreis
150 g Zucker
1 l Vollmilch
1 Vanilleschote, Mark ausgekratzt

Schokoladensauce
2 Kapseln Kardamom
80 g Zartbitterschokolade
50 ml Schlagsahne

Ingwer-Preiselbeeren
70 g Zucker
150 g Preiselbeeren
10 g Ingwerwurzel, geschält, fein gerieben
100 ml Orangensaft

Zubereitungszeit: 45 Minuten

1. Den Milchreis mit 150 g Zucker, Milch, Vanilleschote und -mark in einem beschichteten Topf aufkochen. Bei milder Hitze 30 Minuten garen, dabei öfter umrühren.

2. Die Kardamomsamen aus den Kapseln lösen und fein mörsern. Die Schokolade mit Kardamom und Sahne erhitzen und gut verrühren.

3. Für die Preiselbeeren den Zucker in einem Topf bei milder Hitze karamellisieren. Die Preiselbeeren darin schwenken und den Ingwer hinzufügen. Mit Orangensaft ablöschen.

4. Den Milchreis mit Schokoladensauce und Preiselbeeren in Gläser oder Schalen schichten.

<< Birnen-Beignets mit Fliederbeersorbet

Sorbet
75 g Zucker
200 ml Holundersaft
1 TL fein abgeriebene Orangenschale
1 Eiweiß

Birnen-Beignets
125 g Mehl
100 ml Prosecco
1 Ei
50 g Zucker
3 EL Bratöl
4 kleine oder 2 große Birnen,
geschält, geviertelt bzw. geachtelt, entkernt
50 g Zucker, mit 1 TL Zimtpulver vermischt

Zubereitungszeit: 45 Minuten (ohne Gefrierzeit)

1. Für das Sorbet Zucker, Holundersaft und abgeriebene Orangenschale aufkochen und 5 Minuten bei mittlerer Hitze köcheln lassen. Abkühlen und anschließend im Gefrierfach 3 Stunden gefrieren lassen, dabei alle 30 Minuten umrühren.
Das Eiweiß steif schlagen und 30 Minuten vor Ende der Gefrierzeit darunterrühren.

2. Für den Beignet-Teig Mehl, Prosecco, Ei und Zucker gut verrühren. Das Öl in einer beschichteten Pfanne erhitzen. Die Birnen durch den Ausbackteig ziehen und rundherum 5–8 Minuten braten. Im Zimtzucker wälzen und mit dem Sorbet servieren.

< Pochierte Äpfel mit Holundereis und Pinienkernen

Holundereis
250 ml Holundersaft
100 g Zucker
250 ml Sahne
4 Eigelb

Pochierte Äpfel
100 g Zucker
300 ml klarer Apfelsaft
1 Kardamomkapsel, zerdrückt
1 Vanillestange, Mark ausgekratzt
8 kleine Äpfel, halbiert, entkernt

50 g Pinienkerne, trocken geröstet

Zubereitungszeit: 45 Minuten (ohne Gefrierzeit)

1. Holundersaft, Zucker und 200 ml Sahne aufkochen. Die restlichen 50 ml Sahne mit den Eigelben gut verrühren. In einer Metallschüssel über einem heißen Wasserbad die Eigelb-Sahne unter die Holundersaftmischung rühren und mit einem Holzlöffel so lange rühren, bis die Masse leicht eindickt. Dann sofort aus dem heißen Wasserbad nehmen und in einem kalten Wasserbad abkühlen. Im Gefrierfach mindestens 3 Stunden gefrieren, dabei alle 30 Minuten umrühren.

2. Für die Äpfel Zucker, Apfelsaft, Kardamom, Vanillestange und -mark in einen Topf geben, aufkochen und 5 Minuten offen köcheln lassen. Die Äpfel hinzufügen und 2 Minuten kochen, dann im Sud erkalten lassen. Die Äpfel aus dem Sud nehmen, mit dem Eis und mit Pinienkernen bestreut servieren.

Schichtdessert von Birne, Schokolade und Tonkabohnencreme

150 ml Milch
70 g Zartbitterkuvertüre
1 Kardamomkapsel, aufgebrochen, mit der Kapsel

200 ml Birnensaft
1 Vanillestange, Mark ausgekratzt
2 EL Zitronensaft
40 g Zucker
2 Birnen, geschält, geviertelt, entkernt, klein gewürfelt

Tonkabohnencreme
100 ml Schlagsahne
300 g Speisequark
3 Messerspitzen frisch geriebene Tonkabohne oder ersatzweise frisch geriebene Muskatnuss
2 EL flüssiger Honig
2 EL Amarettolikör

Zubereitungszeit: 35 Minuten

1. Für die Schokoladensauce Milch, Kuvertüre und Kardamom erwärmen, bis sich die Kuvertüre aufgelöst hat. Dann abkühlen lassen.

2. Den Birnensaft mit Vanillestange und -mark, Zitronensaft und Zucker aufkochen. Die Birnen darin 1 Minute kochen, dann im Sud abkühlen lassen.

3. Für die Tonkabohnencreme die Sahne steif schlagen. Quark, geschlagene Sahne, Tonkabohne, Honig und Amaretto mit einem Schneebesen gut verrühren.

4. Die Birnen abtropfen lassen (den Sud z. B. für ein Getränk weiterverwenden). Schokoladensauce, Birnen und Tonkabohnencreme abwechselnd in Gläser schichten.

 Zwetschgen-Pfeffer-Crumble mit Sauerrahmeis

Zwetschgen-Pfeffer-Crumble mit Sauerrahmeis

Sauerrahmeis
1 Vanilleschote
80 g Zucker
100 ml Wasser
100 g Schlagsahne
150 g Sauerrahm

Crumble
100 g kalte Butter, gewürfelt
80 g gemahlene Haselnüsse
30 g Mehl (Type 505)
50 g Zucker
2 Messerspitzen gemahlener bunter Pfeffer
1 Messerspitze gemahlener Piment
150 ml Holundersaft
20 ml Sherry
500 g Zwetschgen, halbiert, entsteint

Zubereitungszeit: 1 Stunde (ohne Gefrierzeit)

1. Für das Sauerrahmeis die Vanilleschote aufschlitzen und das Mark herauskratzen. Zucker, Wasser und die ausgekratzte Vanilleschote 10 Minuten offen zu einem Sirup einköcheln. Durch ein Sieb abgießen. Die Sahne steif schlagen. Den Sauerrahm, die geschlagene Sahne, ausgekratztes Vanillemark und Vanillesirup gut verrühren. Im Gefrierfach 2 Stunden gefrieren, dabei gelegentlich umrühren.

2. Für die Streusel Butter, Haselnüsse, Mehl, 30 g Zucker, Pfeffer und Piment gut mischen.

3. Den Holundersaft mit 20 g Zucker und dem Sherry aufkochen. Die Zwetschgen darin 2 Minuten kochen. Das Zwetschgenkompott auf 4 Förmchen oder 1 Auflaufform verteilen, die Streusel darauf verteilen. Im vorgeheizten Ofen bei 200 Grad (mit Umluft bei 180 Grad) 10 Minuten backen.

4. Das Eis gut durchrühren und zu dem noch warmen Crumble servieren.

Apfel-Quitten-Strudel mit Maronen

Teig

250 g Mehl
150 ml lauwarme Milch
3 EL Öl
1 Ei
1 Prise Salz

Füllung

50 g Rosinen
50 ml Amarettolikör
600 g Äpfel, geschält, geviertelt, entkernt, in dünne Scheiben geschnitten
400 g Quitten, geschält, geviertelt, entkernt, in dünne Scheiben geschnitten
4 EL Zitronensaft
100 g geschälte, vorgegarte Maronen, in Scheiben geschnitten
100 g Zucker
1 TL gemahlener Zimt
60 g Butter
30 g gemahlene Mandeln
Puderzucker zum Bestäuben

Zubereitungszeit: 1 Stunde und 10 Minuten

1. Für den Teig Mehl, Milch, 2 EL Öl, Ei und Salz mit dem Knethaken des Handrührgeräts zu einem glatten Teig verarbeiten. Mit 1 EL Öl einreiben und etwa 1 Stunde ruhen lassen.

2. Die Rosinen etwa 30 Minuten im Amaretto einweichen.

3. Äpfel, Quitten, Zitronensaft, Maronen, Zucker, Amaretto-Rosinen und Zimt gut vermischen.

4. Den Strudelteig auf einem bemehlten Küchentuch hauchdünn auf etwa 50 x 50 cm ausrollen. Die Butter schmelzen. Den Teig mit der Hälfte der Butter bestreichen, 20 g Zucker und die gemahlenen Mandeln daraufstreuen. Die Füllung auf dem Teig verteilen, die seitlichen Ränder einschlagen und den Strudel mit Hilfe des Tuches einrollen.

5. Auf ein mit Backpapier belegtes Blech legen, mit der restlichen Butter bestreichen. Im vorgeheizten Backofen bei 200 Grad (mit Umluft bei 180 Grad) 25 Minuten backen. Herausnehmen und mit Puderzucker bestäuben.

Dazu passt Vanillesauce.

Topfenschmarrn mit Zwetschgen, Feigen und Mandeln

8 getrocknete Feigen
100 ml Johannisbeerlikör (Creme de Cassis)
4 Eier
75 g Zucker
1 Prise Salz
100 g Mehl
50 g gemahlene Mandeln
120 ml Milch
250 g Quark (Topfen)
1 TL abgeriebene Orangenschale
2 EL Butter
300 g Zwetschgen, halbiert, entsteint
20 g Puderzucker

Zubereitungszeit: 45 Minuten

1. Die Feigen halbieren, mit dem Cassis übergießen und über Nacht marinieren. Dann herausheben und abtropfen lassen.

2. Die Eier trennen. Das Eiweiß mit Zucker und Salz schaumig schlagen. Die Eigelbe ebenfalls dick-schaumig schlagen. Mehl, Mandeln und Milch hinzufügen. Quark und Orangenschale darunterrühren. Den Eischnee vorsichtig unterheben.

3. In zwei großen Pfannen jeweils 1 EL Butter erhitzen. Den Teig auf beide Pfannen verteilen, Feigen und Zwetschgen hinzufügen. Bei mittlerer Hitze 4 Minuten braten, dann vorsichtig wenden und weitere 4 Minuten braten. Mit Hilfe von zwei Löffeln den Teig in Stücke reißen. In eine feuerfeste Form geben und im vorgeheizten Backofen bei 180 Grad (mit Umluft bei 160 Grad) 10 Minuten fertig backen. Mit Puderzucker bestäubt servieren.

Gedeckte Buchweizen-Birnen-Tarte

<< Gedeckte Buchweizen-Birnen-Tarte

Teig
200 g Mehl (Type 505)
140 g Buchweizenmehl
80 g Zucker
2 Eigelb
Salz
250 g Butter

Belag
500 g Birnen, geschält, geviertelt, klein geschnitten
500 Hokkaidokürbis, entkernt, klein geschnitten
75 g Zucker
2 Messerspitzen fein abgeriebene Tonkabohne oder ersatzweise Muskatnuss
40 g Brombeermarmelade
60 g gemahlene Mandeln
1 Eigelb, mit 50 ml Milch verrührt

Zubereitungszeit: 45 Minuten (ohne Backzeit)

1. Für den Teigboden Mehl, Buchweizenmehl, Zucker, Eigelbe, 2 EL kaltes Wasser, 1 Prise Salz und die Butter mit den Knethaken des Handrührgeräts zu einem glatten Teig verarbeiten. Abgedeckt 30 Minuten kalt stellen.

2. Zwei Drittel des Teigs auf einer bemehlten Arbeitsfläche auf etwa 30 cm Durchmesser ausrollen. Eine gefettete Kuchenform von 26 cm Durchmesser (am besten mit herausnehmbarem Boden) mit dem Teig auslegen und diesen gut andrücken. Aus dem restlichen Teig für den Deckel einen Kreis von 26 cm Durchmesser ausrollen und in der Mitte ein Loch ausschneiden. Sämtliche Teigabschnitte wieder verkneten, auf bemehlter Arbeitsfläche ausrollen und mit Blatt-Ausstechern Blätter ausstechen (ersatzweise Blätter von Bäumen als Schablone benützen und mit einem Messer Blattmotive ausschneiden).

3. Birnen und Kürbis mit Zucker, Tonkabohne und Brombeermarmelade vermischen.

4. Den Teigboden mit den Mandeln ausstreuen, die Birnen-Kürbis-Mischung einfüllen, den Teigdeckel darauflegen und die Blattmotive darauf verteilen. Den Teigdeckel mit der Eigelb-Milch-Mischung bestreichen. Die Tarte im vorgeheizten Ofen auf der untersten Schiene zuerst bei 200 Grad (mit Umluft bei 180 Grad) 10 Minuten backen, danach auf 180 Grad (mit Umluft auf 160 Grad) weitere 45 Minuten backen.

< Walnuss-Holunder-Tassenkuchen

6 Dolden Holunderbeeren, abgezupft
70 g Zucker
50 g Butter
3 Eier
300 g Speisequark (Magerstufe)
70 g Weichweizengrieß
2 TL Backpulver
1 unbehandelte Zitrone, abgeriebene Schale und Saft
70 g gehackte Walnüsse
1 EL Puderzucker

Zubereitungszeit: 40 Minuten (ohne Backzeit)

1. Die Holunderbeeren mit dem Zucker vermischen.

2. Die Butter schmelzen und 8 ofenfeste Tassen (von 200 ml Inhalt) damit ausstreichen.

3. Die restliche Butter mit den Eiern, mit Quark, Grieß, Backpulver, Zitronenschale und 1 EL Zitronensaft mit einem Schneebesen gut verrühren. Holunderbeeren und Walnüsse daruntermischen. Die Masse in die gefetteten Tassen füllen.
Im vorgeheizten Ofen bei 180 Grad (mit Umluft bei 160 Grad) 30 Minuten backen. Mit Puderzucker bestäubt servieren.

Süßes Kartoffelpüree mit Zwetschgen und Haselnüssen

50 g Zucker
350 g Zwetschgen, halbiert, entsteint
150 ml Holundersaft

Süßes Kartoffelpüree
250 g mehligkochende Kartoffeln, geschält
100 ml Milch
40 g Butter
60 g Zucker
1 Vanilleschote, Mark ausgekratzt

60 g gehobelte Haselnüsse

Zubereitungszeit: 45 Minuten

1. Den Zucker karamellisieren, die Zwetschgen hinzufügen und mit Holundersaft aufgießen. Zugedeckt 5 Minuten köcheln lassen.

2. Die Kartoffeln in Wasser zugedeckt 20 Minuten kochen. Abgießen und durch eine Kartoffelpresse drücken.

3. Milch, Butter, Zucker, Vanilleschote und -mark erwärmen. Die Vanilleschote entfernen und die warme Milch mit dem Kartoffelpüree verrühren. Mit den Zwetschgen und mit Haselnüssen bestreut servieren.

Kastanienpüree mit Brombeeren, Cassis und Schokolade

300 g Brombeeren
50 g Zucker
80 ml Creme de Cassis (schwarzer Johannisbeerlikör)

Kastanienpüree
300 g geschälte, vorgegarte Maronen
60 g weiße Kuvertüre
50 g gemahlene Mandeln
200 ml Schlagsahne
50 g Agavendicksaft (aus dem Reformhaus) oder ersatzweise Honig

50 g Zartbitterkuvertüre, geraspelt

Zubereitungszeit: 35 Minuten

1. Die Brombeeren mit Zucker und Cassis mischen und 30 Minuten ziehen lassen.

2. Für das Kastanienpüree Maronen und Kuvertüre grob hacken. Mandeln, Sahne und Agavendicksaft hinzufügen und so lange erhitzen, bis die Schokolade geschmolzen ist. Mit dem Pürierstab fein pürieren.

3. Mit den marinierten Brombeeren und der geraspelten Schokolade anrichten.

Grieß-Flammeri mit Brombeer-Cranberry-Kompott

Grieß-Flammeri
2 Eier
110 g Zucker
Salz
½ l Milch
1 Messerspitze gemahlener Zimt
75 g Grieß

Kompott
50 g Zucker
100 ml Cranberrysaft
oder ersatzweise Traubensaft
20 ml schwarzer Johannisbeerlikör
100 g Cranberries
200 g Brombeeren

Zubereitungszeit: 45 Minuten (ohne Kühlzeit)

1. Die Eier trennen. Das Eiweiß mit 50 g Zucker und 1 Prise Salz steif schlagen. Die Milch mit 60 g Zucker und Zimt aufkochen. Den Grieß hinzufügen und bei milder Hitze unter Rühren kurz kochen. Vom Herd ziehen und die Eigelbe zügig darunterrühren. Etwas abkühlen lassen, dann den Eischnee darunterheben.
4 Förmchen von 200 ml Inhalt leicht fetten, den Grieß einfüllen und 1 Stunde kalt stellen.

2. Für das Kompott den Zucker karamellisieren, mit Fruchtsaft und Likör ablöschen und 3 Minuten einkochen lassen. Dann die Cranberries hinzufügen und kurz mitkochen. Zuletzt die Brombeeren hinzufügen.

3. Die Flammeris stürzen und mit dem Kompott servieren.

Grieß-Flammeri mit Brombeer-Cranberry-Kompott

Süßes Kürbisbrot mit Ingwerbutter

125 g Butter
500 g Mehl
150 g Zucker
2 Eier
1 Würfel (42 g) frische Hefe
150 g gemahlene Mandeln
250 ml lauwarme Milch
100 g getrocknete Sauerkirschen
oder Cranberries
250 g Hokkaidokürbis (mit Schale),
entkernt, klein gewürfelt
1 Ei, mit 1 EL Milch verrührt
50 g Mandeln, gehobelt

Ingwerbutter
50 g Butter
30 g Zucker
10 g frische Ingwerwurzel, fein gerieben

Zubereitungszeit: 35 Minuten (ohne Geh- und Backzeit)

1. Die Butter schmelzen. Mehl, Butter, Zucker, Eier, die zerbröckelte Hefe, Mandeln und Milch mit den Knethaken des Handrührgeräts zu einem glatten Teig verarbeiten. Sauerkirschen und Kürbiswürfel darunterkneten. Mit einem Tuch abgedeckt an einem warmem Ort 45 Minuten gehen lassen.

2. Auf einer bemehlten Arbeitsfläche den Teig zu einem länglichen Brot formen, die Oberseite mit einem Messer mehrmals einritzen. Mit der Ei-Milch-Mischung bestreichen und nochmals 30 Minuten gehen lassen. Im vorgeheizten Ofen bei 170 Grad (mit Umluft bei 150 Grad) 50 Minuten backen; dabei mehrmals mit Eimilch bestreichen. 5 Minuten vor Ende der Backzeit die gehobelten Mandeln daraufstreuen und fertig backen.

3. Für die Ingwerbutter Butter, Zucker und Ingwer mit den Schneebesen des Handrührgeräts weißschaumig schlagen. Das Brot etwas abkühlen lassen und mit der Ingwerbutter genießen.

< Rotweinquitten mit Vanillequark

300 ml Rotwein
1 Zimtstange
80 g Zucker
4 Quitten, geschält, geachtelt, entkernt

Vanillequark
150 ml Schlagsahne
500 g Quark
50 g Honig
1 Vanilleschote, Mark ausgekratzt
2 TL Zitronensaft
10 g fein geriebene Ingwerwurzel

Zubereitungszeit: 35 Minuten

1. Rotwein, Zimt und Zucker aufkochen und 5 Minuten offen kochen lassen. Die Quitten darin 8 Minuten köcheln und dann im Sud abkühlen lassen.

2. Für den Vanillequark die Sahne steif schlagen. Quark, Schlagsahne, Honig, Vanillemark, Zitronensaft und Ingwer verrühren. Die Quitten aus dem Sud nehmen und mit dem Quark servieren.

Schokoladen-Apfel-Tarte mit Calvados-Sorbet

Sorbet
200 ml Apfelsaft
80 g Zucker
50 ml Calvados
1 Eiweiß

Mürbteig
250 g Mehl
125 g kalte Butter, gewürfelt
½ TL gemahlener Zimt
1 Eigelb
50 g Puderzucker
1 Prise Salz

100 g Zartbitterkuvertüre
4 Eier
150 ml Schlagsahne
50 g Zucker
10 g Kakaopulver
50 g Mehl
2 Äpfel, geschält, entkernt, geachtelt
2 EL Zitronensaft

Zubereitungszeit: 1 Stunde und 20 Minuten (ohne Gefrier- und Backzeit)

1. Für das Sorbet Apfelsaft, Zucker und Calvados aufkochen, 5 Minuten bei mittlerer Hitze köcheln, dann abkühlen lassen. Im Gefrierfach 3–4 Stunden gefrieren. Dabei alle 30 Minuten umrühren. Das Eiweiß steif schlagen und 30 Minuten vor Ende der Gefrierzeit darunterrühren.

2. Für den Mürbteig Mehl, Butter, Zimt, Eigelb, Puderzucker und Salz zu einem glatten Teig verarbeiten. Abgedeckt 30 Minuten kalt stellen.

3. Die Kuvertüre grob hacken und in einer Metallschüssel über einem heißen Wasserbad bei milder Hitze schmelzen. Die Eier mit den Schneebesen des Handrührgeräts schaumig schlagen, die flüssige Kuvertüre, den Zucker und die Sahne darunterrühren. Kakaopulver und Mehl beifügen.

4. Den Mürbteig auf einer bemehlten Arbeitsfläche auf 28 cm Durchmesser ausrollen. Den Teig in eine gefettete Backform legen, am Rand gut andrücken.

5. Die Apfelspalten mit dem Zitronensaft gut vermischen. Die Schokoladencreme auf dem Teigboden verstreichen und die Äpfel darauf verteilen. Im vorgeheizten Backofen auf der untersten Schiene bei 200 Grad (mit Umluft bei 180 Grad) 10 Minuten backen. Dann auf 180 Grad (mit Umluft auf 160 Grad) weitere 25 Minuten backen.

< Apfel-Feigen-Tarte-Tatin

100 g gemahlene Haselnüsse
100 g Mehl
50 g Zucker
60 g Butter
1 Eigelb
700 g Äpfel
4 Feigen
80 g Zucker für das Karamell

Zubereitungszeit: 1 Stunde (ohne Backzeit)

1. Für den Teig Haselnüsse, Mehl, Zucker, Butter und Eigelb mit den Knethaken des Handrührgeräts zu einem glatten Teig verarbeiten. Mit Folie abgedeckt 1 Stunde kalt stellen.

2. Von den Äpfeln mit einem Kernausstecher das Kerngehäuse ausstechen. Äpfel und Feigen in 1 cm dicke Scheiben schneiden.

3. Den Boden einer Springform von 26 cm Durchmesser fetten. Den Zucker in einem Topf karamellisieren und auf dem Boden der Springform verteilen. Die Apfelscheiben und die Feigen darauf auslegen. Den Mürbteig auf einer bemehlten Arbeitsfläche zu einem Kreis von 26 cm Durchmesser ausrollen. Auf die Äpfel und Feigen legen und den Teig mit einer Gabel mehrfach einstechen.

4. Im vorgeheizten Backofen bei 180 Grad auf der mittleren Einschubleiste 25 Minuten backen. Abkühlen lassen und auf eine Platte stürzen.

Dazu passt Vanilleeis.

Apfel-Quitten-Punsch mit Calvados

600 ml Apfelsaft
350 ml Quittensaft
20 ml Ahornsirup
60 ml Calvados

Zubereitungszeit: 5 Minuten

Apfelsaft, Quittensaft, Ahornsirup und Calvados 2–3 Minuten erhitzen. Heiß servieren.

Sanddornpunsch mit Amaretto >

800 ml Orangensaft
50 ml Sanddornsaft, ungesüßt (aus dem Reformhaus)
75 g Zucker
50 ml Amaretto

Zubereitungszeit: 10 Minuten

Den Orangensaft mit Sanddornsaft und Zucker aufkochen. Den Amaretto hinzufügen. Heiß genießen.

Erntedank

SAISONKALENDER

GEMÜSE | SALATE

	September	Oktober	November
Artischocken	x	x	
Auberginen	x	x	
Avocados		x	x
Beten (Herbstrüben, verschiedenfarbene)	x	x	
Blumenkohl	x		x
Bohnen	x	x	
Brokkoli	x	x	x
Chicorée	x	x	x
Endiviensalat	x	x	x
Feldsalat (Nüsslisalat)	x	x	x
Fenchel	x	x	x
Granatapfel	x	x	x
Karotten	x	x	x
Kartoffeln	x	x	x
Kürbis	x	x	x
Lauch	x	x	x
Mangold	x	x	
Nüsse	x	x	x
Pastinaken	x	x	x
Petersilienwurzeln		x	x
Pilze	x	x	
Radicchio	x	x	x
Rote Bete (Rande)	x	x	x
Sellerie	x	x	x
Süßkartoffeln	x	x	x
Topinambur		x	x
Trüffel	x	x	
Weißkohl		x	x
Wirsing	x	x	x
Zucchini	x	x	x
Zwiebeln	x	x	x

OBST	September	Oktober	November
Äpfel	x	x	x
Birnen	x	x	
Brombeeren	x		
Cranberries	x	x	x
Feigen	x	x	
Hagebutten	x	x	
Holunderbeeren	x	x	
Kastanien		x	
Preiselbeeren	x	x	
Quitten		x	x
Sanddorn	x	x	
Schlehen		x	x
Trauben	x	x	
Zwetschgen	x	x	

VERZEICHNIS DER REZEPTE

VORSPEISEN UND SALATE

SUPPEN UND EINTÖPFE

HAUPTGERICHTE VEGETARISCH

HAUPTGERICHTE FISCH UND FLEISCH

BEILAGEN

SÜSSES

Dank

Unser »Ernte-Dank« geht an:
Marie Luise Bonitz
Gundel Simon-Ern
Christine Seifert, Günther Seifert, Anke Seifert
Clarissa Härtel
Beate Gauder
Regina Seitz von der Michael Meller Agency
Louise L. Hay
Felix Bringmann
Mareike Engel
Betti Koch
Ulli und Anne
Frida, die ewige Begleiterin

Für die Requisite Dank an Maren Somfleth, Diy, Hamburg

Für das Gemüse Dank an Susanne Brandes vom »Grünkorb«

Für die Unterkunft Dank an Birgit Höppner von der »Wassermühle Prisser«

Voller Dankbarkeit sind wir – wie immer – den Jahreszeiten und den Rhythmen der Natur gegenüber.

Und ein ganz besonderer Dank an den gesamten AT Verlag!